Empreendedorismo MATERNO
Uma revolução na nova economia

Editora Appris Ltda.
1.ª Edição - Copyright© 2024 da autora
Direitos de Edição Reservados à Editora Appris Ltda.

Nenhuma parte desta obra poderá ser utilizada indevidamente, sem estar de acordo com a Lei nº 9.610/98. Se incorreções forem encontradas, serão de exclusiva responsabilidade de seus organizadores. Foi realizado o Depósito Legal na Fundação Biblioteca Nacional, de acordo com as Leis nos 10.994, de 14/12/2004, e 12.192, de 14/01/2010.

Catalogação na Fonte
Elaborado por: Josefina A. S. Guedes
Bibliotecária CRB 9/870

F992e 2024	Furtado, Juliana Empreendedorismo materno: uma revolução na nova economia / Juliana Furtado. – 1. ed. – Curitiba: Appris, 2024. 82 p. ; 21 cm. – (Ciências sociais). ISBN 978-65-250-5713-2 1. Empreendedorismo - Mulheres. 2. Economia. 3. Marketing na internet. I. Título. II. Série. CDD – 658.8

Livro de acordo com a normalização técnica da ABNT

Appris editora

Editora e Livraria Appris Ltda.
Av. Manoel Ribas, 2265 – Mercês
Curitiba/PR – CEP: 80810-002
Tel. (41) 3156 - 4731
www.editoraappris.com.br

Printed in Brazil
Impresso no Brasil

JULIANA FURTADO

Empreendedorismo MATERNO
Uma revolução na nova economia

FICHA TÉCNICA

EDITORIAL	Augusto V. de A. Coelho
	Sara C. de Andrade Coelho
COMITÊ EDITORIAL	Marli Caetano
	Andréa Barbosa Gouveia - UFPR
	Edmeire C. Pereira - UFPR
	Iraneide da Silva - UFC
	Jacques de Lima Ferreira - UP
SUPERVISOR DA PRODUÇÃO	Renata Cristina Lopes Miccelli
PRODUÇÃO EDITORIAL	Bruna Holmen
REVISÃO	Raquel Fuchs
DIAGRAMAÇÃO	Bruno Ferreira Nascimento
CAPA	Juliana Furtado
REVISÃO DE PROVA	Jibril Keddeh

COMITÊ CIENTÍFICO DA COLEÇÃO CIÊNCIAS SOCIAIS

DIREÇÃO CIENTÍFICA Fabiano Santos (UERJ-IESP)

CONSULTORES

Alícia Ferreira Gonçalves (UFPB)
Artur Perrusi (UFPB)
Carlos Xavier de Azevedo Netto (UFPB)
Charles Pessanha (UFRJ)
Flávio Munhoz Sofiati (UFG)
Elisandro Pires Frigo (UFPR-Palotina)
Gabriel Augusto Miranda Setti (UnB)
Helcimara de Souza Telles (UFMG)
Iraneide Soares da Silva (UFC-UFPI)
João Feres Junior (Uerj)

Jordão Horta Nunes (UFG)
José Henrique Artigas de Godoy (UFPB)
Josilene Pinheiro Mariz (UFCG)
Leticia Andrade (UEMS)
Luiz Gonzaga Teixeira (USP)
Marcelo Almeida Peloggio (UFC)
Maurício Novaes Souza (IF Sudeste-MG)
Michelle Sato Frigo (UFPR-Palotina)
Revalino Freitas (UFG)
Simone Wolff (UEL)

Dedico a todas as mulheres que diariamente se dividem entre tarefas domésticas, filhos e trabalho dentro e fora de casa. Nós, mulheres, sabemos como existem momentos desafiadores, como muitas vezes precisamos de fôlego, mas não podemos desistir de buscar melhores condições de vida e realizar nossos sonhos.

AGRADECIMENTOS

Comece fazendo o que é necessário, depois o que é possível, e de repente você estará fazendo o impossível.
(São Francisco de Assis)

Diversas vezes tomada pelo cansaço, achei que minha entrega não fosse suficiente para suprir as necessidades dos outros e as minhas. E percebo que em várias ocasiões, outras mães tendem a não se acharem suficientes. Neste livro, você perceberá que em alguns momentos me dirijo a nós, as mulheres. Nós batalhamos e trilhamos nossos caminhos, sem nos darmos conta, muitas vezes, de tudo o que construímos, de quem somos e no que realmente acreditamos. Agradeço a você que dedica parte do seu tempo para ler esta obra. O meu agradecimento pela oportunidade que você dá a mim e a você ao acessar este livro e se permitir conhecer, questionar e fazer suas próprias reflexões.

Não poderia deixar de agradecer também a minha rede de apoio. Ao meu esposo e, principalmente, aos meus filhos. Minhas queridas meninas e meu menino, sei que em diversos momentos quiseram minha atenção exclusiva e minha presença, mas agradeço a compreensão e carinho de vocês a cada etapa vencida. Vários meses foram dedicados entre escrever, ler, revisar e reescrever tantas e tantas vezes até chegar a versão final. Produzir tabelas e gráficos, não é, Luiza? (Obrigada, filha). A empatia e o respeito com meu trabalho foram e são um conforto para mim.

Essa rede de apoio é formada também pelo meu pai e pela minha mãe, por minha madrinha querida e pelos meus sogros (ou pais do meu marido, como o Sr. Miura gosta que eu me refira). Eles estão presentes em boa parte do tempo me auxiliando e incentivando para que eu siga com meus projetos.

Mulheres precisam de pessoas por perto dispostas a dar um pouco do seu tempo, a serem suportes em momentos necessários. Então, diante da importância de uma rede de acolhimento, amparo e carinho, estendo o meu agradecimento à Hilda Otoni, mulher trabalhadora, chefe de família e especialista em deixar a minha casa e de muitas pessoas mais arrumada, limpa e agradável. A todos aqueles, sejam avós, vizinhos, pais, cuidadores e amigos que com generosidade doam parte do seu tempo às mulheres-mães que batalham por uma vida melhor para si e para suas famílias. Saibam que vocês fazem a diferença.

Assim como existem pessoas que se conectam e se ajudam mutuamente, na jornada de escritora, também conhecemos uma rede de pessoas importantes que colaboram para que um livro seja produzido. O meu obrigada a todas as mulheres que mesmo diante das suas ocupações reservaram um tempo para ler o meu livro e fazer suas considerações. Manu Gaíva, terapeuta financeira e mentora que me ajudou a perceber que algo precisava de ajuste; Patrícia Travassos, jornalista e inspiração no universo do empreendedorismo feminino e materno; Lia Castro, empreendedora autêntica e engajada, e todo corpo técnico que compõem a Editora Appris. Vai aqui um abraço formatado em palavras para todas vocês.

E, por fim, agradeço a Deus, aquele que é acima de todas as coisas, motivo e razão da minha existência. Comecei esta obra com o necessário, tinha um trabalho acadêmico em minhas mãos. Fiz o possível, me submeti à vontade de explorar e aprofundar ainda mais no assunto, conhecer pessoas, escrever e registrar tudo isso em um livro. O impossível? Tenho uma definição particular do impossível, mas o senso comum talvez diria ser impossível uma mulher casada, mãe, funcionária de uma empresa e empreendedora escrever sua própria história.

PREFÁCIO

Se você é mãe ou convive com uma, certamente já se deparou com a clássica preocupação: "O que farei com o meu trabalho após o nascimento dos filhos?". Nós mães queremos ter uma renda para custear os gastos da família, mas também precisamos ter tempo de qualidade com os nossos filhos. Diante disso, o que fazer?

O fato é que as mulheres encontraram alternativas para que seja possível trabalhar sem abrir mão de estar com os filhos, com liberdade de tempo e com liberdade geográfica.

Você encontrará neste livro, um caminho que tem crescido cada vez mais em oportunidades e acolhimento de inúmeras mães que estão se reinventando profissionalmente. Uma viagem ao tempo para entender esse movimento histórico que as mulheres fizeram em busca do mercado de trabalho, até chegarmos nas atuais mães digitais.

Eu sou uma dessas mães e se você ainda não é, saiba que também pode se tornar. Quando me tornei mãe, deixei a carreira na área de gestão de pessoas de uma multinacional. Sem renda, comecei a empreender com bijuterias. O negócio deu muito certo, de vendedora porta a porta passei a atacadista, cheguei a ter 50 revendedoras espalhadas pelo Brasil, mas eu estava sozinha para dar conta de tudo. Ficava de madrugada etiquetando brinco, cadastrando; tentei ter uma pessoa para ajudar, mas não deu certo. Eu tinha que ir ao correio despachar e tinha que ter tempo para atender no WhatsApp. Acabou que estava muito corrido e percebi que estava perdendo o meu foco principal que era cuidar da minha família. Eu estava em casa com minha filha, mas a deixava o tempo todo na televisão. Então, percebi que não estava cumprindo com meu primeiro chamado que é ser mãe, ser esposa, dona de casa. Eu fui rezando e nesse processo comecei a investir, meu marido passou a ganhar mais e quando minha segunda filha nasceu, vi que não daria mais para conciliar.

Você pode estar se perguntando, então, como cheguei até aqui. Eu estava no Instagram compartilhando minha rotina, sobre educação dos filhos, o que eu estava fazendo para economizar, dando dicas sem nenhuma pretensão. Ouvi falar desse negócio de digital, comecei a estudar sem saber o que era e por onde começar.

Um dia fui surpreendida com o chamado da Jaqueline Bastos (se você não a conhece, recomendo que a acompanhe no Instagram) para dar uma aula bônus no curso dela sobre finanças. Eu não tinha nenhum negócio estruturado, ensinava de graça. O que você gosta de fazer e faria até de graça? É uma provocação que sempre faço para minhas alunas. Eu ensinava sobre rotina e finanças totalmente de graça. Então, chegou o dia, dei a aula e no final a Jaqueline pediu para eu passar meu contato, para explicar como as pessoas faziam para me contratar e como era meu curso. Fui surpreendida novamente e respondi que não tinha nada. Ela me chamou no canto e disse, "então, você tem que começar, não enterre os talentos que Deus te deu". Foi essa frase que ela me disse.

Na internet existe um mundo de possibilidades e eu agarrei a minha. Hoje sou terapeuta financeira e trabalho no digital ensinando mulheres espalhadas em mais de 14 países.

Espero que esta leitura abra a sua mente e te ajude também a encontrar novas possibilidades!

Manu Gaíva

Mãe, terapeuta financeira, criadora do Mapa da Liberdade Financeira, empreendedora e produtora de conteúdo digital

Instagram: @manu.gaiva

APRESENTAÇÃO

Desde que me tornei mãe senti uma inquietação ao olhar para o mercado de trabalho e perceber como as mulheres estão inseridas e convivem no meio profissional com suas questões individuais, familiares e de encarreiramento.

Trabalho desde a época da faculdade. Sempre gostei de trabalhar, de fazer e de realizar. Quando me tornei mãe, aos 28 anos, embora tenha vivido um dos momentos mais significativos da minha vida, lembro que durante a licença maternidade, sentia muita falta do ambiente de trabalho, sentia falta do convívio com os colegas e da rotina. Além disso, eu almejava crescer e chegar até o setor que me fazia brilhar os olhos e, para isso, eu precisava trabalhar e mostrar competência.

Cheguei onde eu queria. Trabalhei por 13 anos na área de Marketing e Comunicação de uma grande instituição financeira no Brasil. Com o passar do tempo e com as outras licenças que adquiri (foram cinco ao todo), fui mudando meu pensamento. Eu desejava passar mais tempo com meus filhos, acompanhando de perto o crescimento de cada um deles. Foi então que comecei a estudar sobre o empreendedorismo e como ele poderia ser uma alternativa para que eu pudesse realizar esse desejo.

Entre pesquisas de mercado e conversas com outras mulheres empreendedoras, reuni anotações e fiz algumas constatações. Percebi que existem lacunas não respondidas quando se trata de iniciar ou realizar a transição do emprego formal para uma geração de renda autônoma. Observei várias influenciadoras, especialmente no Instagram, oferecerem cursos de formação para outras mulheres, com a promessa da flexibilidade de horários e a possibilidade de passar mais tempo com os filhos. Na prática fiquei curiosa para compreender como esse processo acontece. As empreendedoras realmente passam mais tempo com suas famílias? A maioria das mulheres conta com uma rede de apoio disponível para auxiliá-las? Quais são os desafios? A nova economia baseada no marketing digital colabora de alguma forma para o empreendedorismo materno?

Decidi aprofundar no tema não apenas para uso próprio, mas escrever sobre ele para que mais pessoas pudessem conhecê-lo. Hoje, tenho a alegria de compartilhar com você essas valiosas informações que poderão auxiliar nas escolhas de quem pretende empreender ou estudar sobre o tema.

Nas próximas páginas convido você a abrir sua mente sobre esse assunto. Entre contextos históricos e histórias, conversaremos sobre alguns conceitos do empreendedorismo e do marketing digital. No percurso deste livro, anote, questione e reflita sobre o universo do empreendedorismo feminino, mas vamos nos ater a um público mais específico: as mães. Entre pesquisas, casos e percepções teremos a oportunidade de conhecer e observar a participação das mulheres e seu potencial no mercado.

Espero que esta obra possa promover reflexões importantes sobre o empreendedorismo materno e, de alguma forma, contribuir para o desenvolvimento da nossa sociedade. É fundamental nos aprofundarmos nas questões relacionadas às mulheres e promovermos condições favoráveis para que toda mulher, especialmente as mães, possam fazer suas escolhas, seja empreender ou não, conquistar a independência financeira e, principalmente, ter uma vida equilibrada.

Desejo a você bom proveito deste livro. Uma excelente leitura!

SUMÁRIO

APRESENTAÇÃO 11

1

MOVIMENTO EMPREENDEDOR FEMININO NO BRASIL 15

1.1 Inovação e empreendedorismo – conceitos que moldam a nova economia...18

1.2 O viés feminino no empreendedorismo digital 25

1.2.1 Retrato do empreendedorismo feminino no Brasil 29

2

O MARKETING DIGITAL COMO FERRAMENTA DO EMPREENDEDORISMO 35

2.1 O marketing digital na estratégia do empreendedorismo materno 38

3

UMA ESCOLA DE NEGÓCIOS PARA A MÃE EMPREENDEDORA .. 43

3.1 Dores e motivações das mães empreendedoras 46

3.2 Um método como ferramenta digital de apoio ao empreendedorismo materno 49

3.2.1 Histórias e resultados de mulheres-mães empreendedoras reais 50

4

REDES SOCIAIS E MATURIDADE DIGITAL: COMO FICA ESSA EQUAÇÃO NO CONTEXTO DA MÃE EMPREENDEDORA? 55

4.1 A influência das redes sociais e a transformação do empreendedorismo materno 58

4.2 No marketing orientado por dados, a Maturidade digital indica caminhos para serem seguidos 62

NÃO É O FIM, APENAS COMEÇAMOS... 69

NOTA DA AUTORA 73

REFERÊNCIAS 75

1

MOVIMENTO EMPREENDEDOR FEMININO NO BRASIL

Para compreender o empreendedorismo no Brasil e a participação das mulheres do nosso século no mercado de trabalho, é necessário fazer um resgate à história e observar a evolução na qual as mulheres foram e são sujeitos ativos e passivos.

Não basta considerar os avanços tecnológicos e a inserção do marketing digital como ferramenta fundamental de comunicação e venda no período atual, há questões comportamentais das mulheres sobre rupturas que impulsionam e expandem possibilidades, no entanto algumas questões culturais permanecem e apontam fragilidades.

Mary Del Priore, uma das maiores historiadoras brasileiras, nos faz refletir sobre comportamentos que se perpetuam com o passar dos anos. Mesmo que a tecnologia e a educação promovam a aceleração do tempo e das mudanças, num país tão vasto como o Brasil, em diferentes regiões, permanecem fortes alguns traços culturais do passado.

No contexto mundial, as mulheres atravessaram caminhos muito semelhantes. A historiadora Michelle Perrot em seu livro *Minha história das mulheres* (2019), apresenta uma visão pessoal sobre as relações das mulheres com diversos meios, inclusive com o trabalho. Perrot descreve a realidade vivida pelas camponesas, pelas operárias, até as novas profissões.

Entre os anos 1880 a 1900, mudanças ocorreram em toda a Europa. As meninas iniciaram a escolarização primária e, entre as duas guerras mundiais, ingressaram nas universidades. Esse fenômeno ocorreu em função dos estados almejarem mulheres instruídas para a educação básica das crianças e o mercado de trabalho necessitar de mulheres qualificadas, especialmente para atuarem no setor terciário de serviços como: correios, datilografia e secretariado (PERROT, 2019, p. 95). De alguma maneira, esses movimentos europeus influenciaram o período colonial no Brasil.

A vida das mulheres do campo também foi transformada significativamente, seja pela industrialização, pelo êxodo rural ou pelas ações das guerras. Os homens passaram a esvaziar o campo e parte das suas tarefas e de seus poderes foram transferidos para as mulheres que precisaram aprender a cuidar da terra e a gerir o negócio da família (PERROT, 2019, p. 113).

Ao observar o contexto brasileiro, a historiadora Mary del Priore (2017, p. 91) descreve que o nordeste foi a primeira região do país em número de mulheres chefes de família, mas essa posição não ocorreu em função de um costume liberal local. A condição precária na qual as famílias nordestinas viviam levou homens, em especial os casados, a partirem para outros estados do Brasil em grandes fluxos migratórios na tentativa de obterem sustento financeiro. Esse fenômeno pode ser observado em vários momentos da história da humanidade. Mulheres em condições precárias criam comunidades de ajuda mútua e fortalecem um matriarcado. No entanto, nem todas as necessidades são supridas, mas sem a conexão e rede de apoio feminina os problemas sociais seriam maiores.

O estudo de Oliveira *et al.* (2015, p. 5) corrobora a descrição de Mary.

> [...] o percurso do trabalho feminino começando pelo período colonial, época em que a grande maioria das mulheres tinham como papel na sociedade ser mãe e esposa. No final do século XIX, com o surgimento das primeiras escolas normais no Brasil, surge uma outra possibilidade: o magistério. De 1950 até os anos 1980, ela deixa de atuar como força de trabalho secundária e passa a conquistar empregos mais qualificados. Hoje, ainda mais presentes no mercado

de trabalho, as mulheres estão voltadas para o lar e para a carreira, em busca de conciliar tempo para a dupla jornada de trabalho.

Em meados do século XX, com maior possibilidade de acesso à informação, a classe média brasileira passa por algumas alterações nas dinâmicas familiares. Movimentos políticos ocorriam pelo Brasil e em maio de 1968, em uma sociedade com características patriarcais, o Código Civil autorizava a mulher a trabalhar sem o prévio consentimento do marido. No mesmo período, apesar do surgimento do Conselho Nacional das Mulheres do Brasil, que promovia a posição socioprofissional da brasileira, obtinham-se resultados pouco expressivos e alterações muito lentas no contexto trabalhista feminino (DEL PRIORE, 2014, p. 77).

Entre 1970 e 1980, a mulher brasileira era conservadora e tímida, mas sabia que sua filha precisava conquistar a independência. Como resultado de uma pesquisa publicada à época na revista Veja[1], das mulheres ouvidas, a maioria absoluta aprovaria o trabalho feminino, embora apenas 25% estivessem no mercado de trabalho (DEL PRIORE, 2014, p. 81).

Com a aprovação do divórcio em 1977, ocorreu uma mudança significativa. Trabalhar fora de casa deixava de ser vergonha e passava a ser uma exigência para que a mulher ocupasse uma posição no mercado de trabalho. A partir desse período, houve uma ruptura e mudança de mentalidade não apenas por uma necessidade, mas pelo desejo de emancipação.

Nos anos 1990, as trabalhadoras começaram a substituir a temática das desigualdades em benefício da temática das identidades. A construção de si e o desenvolvimento pessoal transformaram-se prioridade no final do século XX. Elas começaram a recusar identidades importadas, preferindo inves-

---

[1] Veja é uma revista de distribuição semanal brasileira publicada pela Editora Abril às quartas-feiras. Criada em 1968 pelo jornalista Roberto Civita, a revista trata de temas variados de abrangência nacional e global. Entre os temas tratados com frequência estão questões políticas, econômicas, e culturais (WIKIPÉDIA, 2021b).

> tir na própria diferença. O padrão da supermulher dos anos 1980, tipo "executiva norte-americana de Wall Street", calcado sobre um modelo masculino competitivo, não serviu por aqui. A novidade foi o início da utilização de novas lógicas baseadas na sensibilidade e nos valores femininos [...].
>
> Não há dúvida de que aquelas que o filósofo Edgard Morin descreveu como "agentes secretas da modernidade" tornaram-se as principais personagens de mudanças em nossa sociedade [...]. E hoje, **elas querem, ao mesmo tempo, ser mães, trabalhadoras, cidadãs e sujeitos de seu lazer e prazer. Difícil? Sim, mas inevitável** (DEL PRIORE, 2017, p. 91).

Na década de 1990, a sociedade passou por fortes mudanças nas relações afetivas, econômicas, familiares, educacionais e trabalhistas. Definitivamente a revolução das "mulheres-mães-profissionais" alterou a dinâmica das relações até então vividas, promovendo profundas alterações na história da humanidade (TROIANO, 2017).

1.1 Inovação e empreendedorismo – conceitos que moldam a nova economia

Nas últimas décadas, é possível observar grandes transformações em todo o mundo, sejam tecnológicas, de consumo e comportamentais. Todas essas mudanças têm influenciado diretamente as dinâmicas das relações sociais e, consequentemente, estruturado uma nova economia. Diego Barreto, vice-presidente de finanças e estratégia do iFood cita em seu livro *A Nova Economia* (2021) que "a única certeza que existe para a nossa civilização é a mudança"; concordo com sua percepção.

Logo no prefácio do livro, Fabrício Bloisi (BARRETO, 2021, p. 14) cita que o economista Joseph Schumpeter popularizou nos anos 1950 o termo "destruição criativa". Mas o que isso quer dizer? Schumpeter refere-se ao empreendedor que cria novos produtos e novos mercados. E isso ocorre por meio da inovação que destrói as empresas vencedoras do ciclo anterior. Além disso, o economista previu que os ciclos de inovação ficariam cada vez mais curtos. Em resumo, ele reforça que as empresas que não se adaptam à inovação perdem seus postos para empresas ágeis e criativas.

Novos negócios surgem a cada dia e são criados a partir de novas ideias, pela percepção da realidade e na geração de vantagem competitiva naquilo que uma empresa pode ofertar. Você já se deparou numa situação desconfortável, em um congestionamento no trânsito, aquele calor insuportável e de repente surge um vendedor ambulante com uma água geladinha? Pois bem, o problema de um, pode ser a oportunidade de outro. Sendo assim, a inovação está fundamentalmente ligada ao empreendedorismo, reforçando o que há décadas os economistas debatem sobre a natureza exata dessa relação. Em geral, concordam que a inovação responde por uma considerável proporção do crescimento econômico (BESSANT; TIDD, 2019).

No mesmo entendimento, Tajra e Ribeiro (2020) expõem que tecnologias que não são colocadas no mercado não causam impacto econômico. Essas tecnologias classificam-se somente como invenções, ou seja, embora a tecnologia esteja intrinsecamente associada à inovação e ao empreendedorismo ela precisa ser aplicada, experimentada e gerar resultados.

Nesse sentido, existe uma relação causal entre inovação e mudança, sendo a inovação o agente da mudança no sistema socioeconômico, sua classificação depende do grau de impacto que ela gera no sistema. O pensamento inovador ganha a forma de inovação quando move processos e gera valor pelos esforços de indivíduos, equipes engajadas e redes focadas.

> Ela é movida pelo empreendedorismo, uma mistura potente de visão, paixão, energia, entusiasmo, insight, bom senso e o bom e velho esforço, que permite que ideias se transformem em realidade. O poder por trás da modificação de produtos, processos e serviços vem dos indivíduos, estejam eles agindo sozinhos ou inseridos dentro de organizações (BESSANT; TIDD, 2019, p. 4).

De acordo com o Manual de Oslo (2006), a inovação pode ser classificada em quatro tipos: de produto, de processo, de marketing e organizacional (FINEP, 2006).

Você irá notar que para este livro fiz um recorte e me ative ao detalhamento da inovação de marketing, assunto pelo qual tenho mais afinidade. Essa inovação trata-se da implementação de um novo método de marketing com visão sistêmica e holística que incorporam cada vez mais os modelos de organizações virtuais, que se estruturam nas redes digitais. É percebido diariamente que as pessoas passam a usar cada vez mais as mídias sociais, como Facebook, Instagram, Youtube, X (antigo Twitter), TikTok, entre outras, como canal de comunicação.

A inovação de marketing gerou e ainda gera uma série de mudanças sobre o posicionamento das marcas e das pessoas. Ela influencia as organizações a adaptarem suas estratégias de comunicação. E, embora as empresas utilizem ferramentas e instrumentos específicos para se relacionar com seu público, a comunicação deixou de ser papel exclusivo dos profissionais da área de formação, como jornalistas, publicitários e outros, para ser parte de um meio em que todos os usuários têm o poder para informar, criticar, opinar e divulgar a marca seja de forma positiva ou negativa.

Klaus Schwab (2016), no livro *A quarta Revolução,* explica que a revolução digital cria abordagens radicalmente novas que modificarão o envolvimento e a colaboração entre indivíduos e instituições. Sendo assim, observa-se que a sociedade em rede, como configurada atualmente, permite a abertura de canais para discursos que antes não tinham voz.

> Na economia digital, os clientes estão socialmente conectados em redes horizontais de comunidades. Hoje, as comunidades são os novos segmentos. Mas, ao contrário dos segmentos, as comunidades são formadas naturalmente por consumidores dentro de fronteiras que eles mesmos definem (KOTLER; KARTAJAYA; SETIAWAN, 2020, p. 64).

E, por outro lado, a colaboração em rede também contribui para a formação de novas cadeias produtivas. As antigas cadeias de valor, formadas por oligopólios, quando integradas ao empreendedorismo individual geram um movimento de internacionalização, que ultrapassa o movimento da globalização para a tendência da nova economia. O resultado disso é uma nova divisão mundial do trabalho, com fragmentação dos processos produtivos dispersos geograficamente em cadeias globais de valor (BARRETO, 2021, p. 49).

Essa mudança nas relações comerciais, aliadas a outros fatores como legislação e tributos, diminuíram as barreiras de entrada permitindo a elaboração e execução de novas ideias. Dessa forma, o empreendedorismo contemporâneo impulsionou a inserção das *startups*[2] de diversas áreas em cadeias globais de valor já existentes, com custos menores do que se estivessem sozinhos em busca de uma posição no mercado.

A nova economia convive com esse mundo das *startups*, em que diversas pessoas do mundo todo estão conectadas por seus dispositivos móveis, com recursos cada vez mais elaborados, possibilitando o acesso ao conhecimento de forma nunca antes vista. A abundância de soluções tecnológicas sensibiliza sistemas e possibilitam novas formas de trabalhar, comunicar, expressar, informar e divertir (TARJA; RIBEIRO, 2020).

Compreende-se, então, como consequência de uma revolução industrial, o fenômeno relacionado às profundas mudanças que, de forma brusca e inevitável, alteram as estruturas sociais e sistemas econômicos advindos do novo modo de perceber o mundo e do uso das novas tecnologias (SCHWAB, 2016). Ao longo do tempo, considera-se quatro[3] revoluções industriais.

---

[2] As *startups* são decorrentes dos processos de desenvolvimento humano, fazem parte da humanidade e representam o momento atual de incorporação das novas tecnologias da informação e comunicação em muitas das atividades que desenvolvemos no nosso dia a dia (TARJA; RIBEIRO, 2020).

[3] A Primeira Revolução Industrial (1760 a 1840) foi caracterizada pela construção das ferrovias, pelas máquinas a vapor e pela produção mecânica. Já o que caracterizou a Segunda Revolução Industrial (final do século XIX e início do século XX) foram a eletricidade, as linhas de montagem e a produção em massa. A Terceira Revolução industrial (década de 1960) foi caracterizada pela revolução digital, ou dos computadores, a partir do uso dos semicondutores, da computação em *mainframe* (década de 1960), da computação pessoal (décadas de 1970 e 1980) e do uso da internet (década de 1990). Por fim, a Quarta Revolução Industrial (virada do século XX para o XXI), baseia-se na revolução digital, na internet móvel, no uso de sensores menores, mais poderosos e mais baratos, no uso da inteligência artificial e da aprendizagem automática (ou aprendizado de máquina) (TARJA; RIBEIRO, 2020, p. 94).

A partir da quarta revolução industrial, com a criação e a adoção de novas tecnologias, muitas atividades rotineiras e repetitivas realizadas pelo esforço humano tendem cada vez mais a serem substituídas pela automação. Na sequência, segundo Schwab, haverá a migração dessa força de trabalho para a do pensamento e da análise que, posteriormente, tende a ser cada vez mais incorporada pela inteligência artificial, porém essa nova revolução permitirá o crescimento de cargos e ocupações que se apropriem de habilidades criativas e cognitivas.

> [...] há um efeito destrutivo que ocorre quando as rupturas alimentadas pela tecnologia e a automação substituem o trabalho por capital, forçando os trabalhadores a ficar desempregados ou realocar suas habilidades em outros lugares. Em segundo lugar, o efeito destrutivo vem acompanhado por um efeito capitalizador, em que a demanda por novos bens e serviços aumenta e leva à criação de novas profissões, empresas e até mesmo indústrias (SCHWAB, 2016, p. 42).

Sendo assim, a abertura individual para o empreendedorismo pode acontecer devido à escassez de cargos no encarreiramento corporativo e, em alguns casos, a partir de perspectivas diferentes na busca de solução para os problemas do dia a dia, novas oportunidades surgem fortalecendo a existência do empreendedorismo. Em 2023, ocorreram intensas discussões em diversos meios sobre o uso da Inteligência Artificial (IA) no mercado de trabalho, em especial pela aplicação do Chat GPT[4], algoritmo baseado em redes neurais e *machine learning*. Sem desconsiderar as questões éticas que devem

---

[4] O Chat GPT é um algoritmo baseado em inteligência artificial. Foi criado por um laboratório de pesquisas em inteligência artificial dos EUA chamado OpenAI, com sede em San Francisco. O nome Chat GPT é uma sigla para "Generative Pre-Trained Transformer" – algo como "Transformador pré-treinado generativo".
A arquitetura do Chat GPT se baseia na conexão de redes neurais (*transformer*) e *machine learning*. O algoritmo foi desenvolvido com foco em diálogos virtuais projetados especialmente para lidar com textos. A ideia é que pudesse aprimorar a experiência e os recursos oferecidos por assistentes virtuais, como Alexa ou Google Assistente. O sucesso da ferramenta está em oferecer ao usuário uma forma simples de conversar e obter respostas (MUNDO CONECTADO, 2023).

ser aprofundadas quando se pensa no uso da Inteligência Artificial, é necessário, também, refletir sobre a importância dessa ferramenta de inovação a favor dos profissionais de múltiplas áreas. Essa inovação não irá necessariamente eliminar as vagas de emprego. Ao contrário, poderá trazer mais produtividade e eficiência à força de trabalho, porém quem não estiver disposto a entender o seu funcionamento e aplicá-lo no seu dia a dia, esse sim, estará sujeito a ocupar cargos de menor ascensão profissional ou mesmo viver o desemprego nos próximos anos.

> O empreendedorismo por necessidade é mais suscetível a conjunturas econômicas e tende a diminuir quando a oferta de empregos aumenta. Já o empreendedorismo por oportunidade tem mais chances de sucesso e potencial para impactar o crescimento econômico de um país (TRAVASSOS; KONICHI, 2013, p. 51).

Avaliando o cenário de pandemia ocasionada pelo coronavírus, o relatório da Global Entrepreneurship Monitor - GEM 2020, mostrou que o número de empreendedores iniciais motivados por necessidade saltou de 37,5% para 50,4%, o mesmo nível de 18 anos atrás. Além disso, 82% dos entrevistados alegaram que a motivação para começar um negócio foi a solução encontrada para sobreviver diante dos empregos escassos. O número de novos entrantes saltou 25% e atingiu o maior patamar da série histórica, com uma taxa que representa 10,2% da população adulta (GLOBAL, 2020).

Até a publicação deste livro, o momento reflete o aumento de novas pessoas que iniciaram um pequeno negócio, no entanto, esse crescimento não indica necessariamente se aqueles que entraram nesse mercado pretendiam seguir com seu empreendimento ou apenas adquirir uma renda extra temporária. Da mesma forma, nota-se também que houve uma redução na taxa de empreendedores estabelecidos, o que pode revelar uma piora da qualidade do empreendedorismo no Brasil.

Segundo Carlos Melles (ASN, 2021), presidente do Sebrae à época, em matéria publicada na Agência Sebrae de Notícias, de junho de 2021

> [...] a taxa total de empreendedorismo no Brasil sofreu uma redução nunca vista antes. A pandemia do coronavírus veio e derrubou o mercado todo, em especial os mais antigos. Por outro lado, por causa do desemprego, entrou muita gente nova e inexperiente que tenta sobreviver, por meio de um pequeno negócio. O mundo inteiro sentiu esse impacto, mas, no Brasil, os efeitos sobre o empreendedorismo foram mais fortes ainda (ASN, 2021, s/p).

Melles pontua que muita gente inexperiente e empreendedores preparados se viram obrigados a abandonar os empreendimentos que possuíam, o que representa uma forte mudança qualitativa (TAXA, 2021).

Em 2017, a Global Entrepreneurship Monitor mostrava que entre os 49 países participantes da pesquisa anual, o Brasil ocupava a terceira posição no ranking dos Empreendedores Iniciais[5]. Porém, em 2020, dos 46 países participantes, o Brasil passou a ocupar a sétima posição (GLOBAL, 2020). Em 2022, 51 países participaram da pesquisa e o Brasil manteve a colocação apesar de obter a menor taxa de empreendedorismo na última década, de acordo com dados de pesquisa realizada pela Rede Mulheres Empreendedoras.

De qualquer forma, ainda que tenha ocorrido a diminuição entre o número de empreendedores iniciais, a taxa de empreendedorismo no Brasil manteve-se entre as 10 primeiras no mundo. Segundo a pesquisa GEM 2022, 51 milhões de brasileiros pretendiam se tornar empreendedores em até três anos. Em números absolutos, o Brasil ocupa atualmente (no ano de 2023), a segunda posição no ranking mundial dos países com a população que mais deseja empreender, atrás apenas da Índia com 115 milhões de empreendedores em potencial. E, apesar da defasagem de mão de obra qualificada digitalmente,

---

[5] Empreendedores iniciais são aqueles cujos empreendimentos têm até 42 meses de vida, três anos e meio, período que a literatura considera capital para a sobrevivência de um empreendimento.

ocorre no país uma mudança de mentalidade em que pessoas comuns estão procurando autonomia financeira, desvencilhando-se de antigas culturas de acomodação, do medo e da dependência do estado, batalhando por melhores condições de vida independentemente das suas origens (BARRETO, 2021).

Não somente os efeitos comuns a todo o mundo como resultado da revolução digital, notamos no Brasil que a necessidade de sobrevivência e de adequação a novos padrões de pensamentos e de comportamentos são fatores fundamentais que influenciam a inovação. Nesse contexto, as mulheres passaram a ocupar lugar de destaque influenciando a geração de novos negócios e contribuindo para o crescimento da nova economia. Segundo Travassos e Konishi (2013, p. 25):

> As mulheres estão fazendo uma segunda revolução no mercado de trabalho. A primeira aconteceu quando elas deixaram de ser donas de casa e começaram a trabalhar fora. A segunda revolução é que está acontecendo agora: elas deixam o emprego para abrir o próprio negócio.

1.2 O viés feminino no empreendedorismo digital

> O empreendedorismo anda de mãos dadas com a criatividade e inovação, e se tivermos que definirmos um gênero que tem por definição essas duas características, seria mulher. (RECH; HOPPE; CARVALHO, 2021, p. 12, prefácio).

Até aqui fiz um apanhado histórico, falei sobre o empreendedorismo de forma geral e a cadeia de transformação causada pela inovação. Antes de abordar de forma mais específica o empreendedorismo feminino no digital, vale conversar sobre o que é o empreendedorismo digital. Na sequência, vou identificar a participação das mulheres nesse ambiente.

O empreendedorismo digital pode ser compreendido como uma forma de negócio que utiliza meios virtuais para comercializar serviços ou produtos, sem a necessidade de espaço físico. De acordo com a Sambatech, empresa referência em inovação, um empreendedor digital é aquele que usa da inovação para criar novos negócios utilizando a internet (TAMEIRÃO, 2021). Com base em dados capturados nesse meio, a cada dia surgem novos modelos de negócios. À medida em que as informações da internet são estruturadas e bem utilizadas, são geradas novas fontes de receitas e a sustentabilidade do negócio.

No livro *A quarta onda*, Schwab (2016) reforça esse entendimento; o uso de dados permite melhorar a experiência dos clientes e aprimorar os produtos ofertados, somos testemunhas e ao mesmo tempo participantes. No papel de consumidores estamos dispostos a renunciar a itens e bens físicos para pagar por serviços de assinatura em plataformas digitais como é o caso, por exemplo, dos filmes na Netflix, dos livros no Kindle, das músicas no Spotify, do carro próprio nos aplicativos de compartilhamento de veículos e até moradia, além do consumo de serviços de diversas *startups* que surgem diariamente. "Essa mudança é poderosa e permite o aparecimento de modelos econômicos mais transparentes e sustentáveis de troca de valores" (SCHWAB, 2016, p. 63).

Assim, empreendedores e suas marcas sobrevivem ao novo mercado mantendo uma postura flexível e adaptável, capaz de respostas rápidas e com um posicionamento assertivo para a sobrevivência no ambiente digital. "Diante de uma realidade cada vez mais transparente, a autenticidade é o ativo mais valioso" (KOTLER; KARTAJAYA; SETIAWAN, 2020, p. 63).

Falando nisso, nos últimos anos, um movimento de criação de *startups* de internet tem alcançado grandes proporções em todo Brasil. Essas *startups* contam com o apoio dos investidores-anjo e das aceleradoras[6] de negócios. Potencializado pela conectividade das

---

[6] As aceleradoras são uma espécie de incubadora de empresas relacionadas a um fundo de investimento que aporta pequenas quantias em empresas iniciantes na internet e as auxiliam a crescer rapidamente (DORNELAS, 2021).

redes, esse modelo de negócio conhecido como disrupção digital, converge múltiplas inovações tecnológicas.

Uma dessas inovações são as chamadas *femtechs*. Desde 2013, essa é a definição de empresas que usam a tecnologia para solucionar problemas relativos à saúde e ao bem-estar feminino. As características desse modelo de negócio estão pautadas em oferecer maior controle da mulher sobre seus corpos, combater os tabus e proporcionar bem-estar. Esse conceito foi criado pela empreendedora dinamarquesa Ida Tin, fundadora e CEO da Clue, um aplicativo de controle menstrual e de ovulação (ROSOLEN, 2021).

À medida que pesquisei (e ainda pesquiso) por empreendedorismo feminino, identifiquei que algumas mulheres, principalmente as mais jovens — nativas digitais —, estão ávidas por desenvolver negócios estruturados, que alcancem resultados financeiros e ao mesmo tempo proporcionem soluções capazes de suprir as dores e necessidades do público feminino.

Mas, infelizmente, a realidade das femtechs apresenta ainda mais desafios no mundo dos negócios. Analistas da PitchBook (KNICKERBOCKER, 2023), empresa norte-americana especializada em análise de dados financeiros e softwares, apontam que nos Estados Unidos esses negócios geralmente não têm suporte de capital de risco. Muito se deve às questões culturais baseadas em tabus sobre particularidades biológicas das mulheres, como a menstruação, por exemplo. Até 1972, anúncios de produtos relacionados ao ciclo menstrual não podiam ser veiculados nas emissoras de TVs americanas e em outros países.

Embora questões de gênero estejam em constante discussão, de maneira geral, a sociedade não aborda de forma natural tópicos relacionados à saúde feminina. Isso fica ainda mais evidente quando o assunto é tratado pelos homens. Se o público masculino ainda possui resistência em cuidar da própria saúde, o que dirá demonstrar interesse em entender sobre ciclo menstrual e reposição hormonal da mulher, por exemplo.

Segundo relatório da PitchBook, 95,5% das empresas de capital de risco dos EUA têm como tomadores de decisão uma população majoritariamente masculina. Diante disso, a empresa americana sugeriu que a consideração de investimentos em femtechs é prejudicada em função do tema não ser de conhecimento, de afinidade e de interesse dos decisores.

Mas, apesar desse fator, o empreendedorismo digital é uma maneira inovadora das mulheres alavancarem seus negócios. No Brasil, o cenário encontra-se num período fértil para investimentos empresariais no mundo on-line (BOTELHO; SCHERER, 2020).

Uma matéria publicada no site Valor Investe (2021), com base nos dados da Revelo[7], apresentou informações sobre a conquista das mulheres em mais espaço nas carreiras digitais e de tecnologia. De acordo com o conteúdo, em 2020, 54% dos profissionais de marketing digital já eram mulheres. Outro dado em destaque é o aumento da contratação de mulheres em carreiras de tecnologia. Em 2017, elas respondiam por 10,9% das vagas, em 2020, o número subiu 12% (BERTÃO, 2021).

Entre 2015 e 2022, dados do Cadastro Geral de Empregados e Desempregados (CAGED) mostraram que houve aumento de 60% de mulheres no setor de tecnologia. A tendência é de crescimento de oportunidades no ramo da Tecnologia da Informação (TI). Numa reportagem da TV Brasil (jun. 2023), foi apresentado que cerca de 800 mil empregos serão gerados até 2025, mas estima-se um *deficit* de preenchimento de aproximadamente 530 mil vagas por falta de pessoas habilitadas. Mulheres podem olhar para a TI como uma área promissora e buscar o seu espaço nesse universo predominantemente masculino, que começa abrir as portas para as mulheres.

No viés feminino do empreendedorismo digital é perceptível que, se por um lado as mulheres passaram a ingressar em maior volume nas carreiras digitais, por outro lado, adotam causas para seus negócios voltadas ao público feminino, tendo como objetivo melhorar a qualidade de vida e o bem-estar das próprias mulheres.

---

[7] Revelo é uma plataforma de soluções tecnológicas para a área de recursos humanos.

1.2.1 Retrato do empreendedorismo feminino no Brasil

Segundo o levantamento da Catho, site brasileiro de classificados de empregos, em 2018, cerca de 30% das mulheres empregadas deixaram seus trabalhos para se dedicarem aos cuidados com os filhos (CARMO, 2020). Já no cenário de pandemia do novo coronavírus, o número de mulheres desempregadas cresceu. A Pesquisa Nacional por Amostra de Domicílios (IBGE, 2021), demonstrou que cerca de 14 milhões de brasileiros terminaram o ano de 2020 sem uma ocupação remunerada, desse total, 52,9% eram mulheres.

Enquanto houve aumento no número de mulheres que deixaram seus empregos formais ou ficaram desempregadas, ao longo dos últimos anos, notamos também um crescimento no número de mulheres à frente de seus negócios. Em 2018, a pesquisa Global Entrepreneurship Monitor (RELATÓRIO, 2019), no Brasil, apontou que 24 milhões de mulheres brasileiras estavam liderando um empreendimento formal ou informal, ou desenvolviam alguma ação objetivando alcançar o seu próprio negócio. Segundo matéria no site Terra, um levantamento da BigData Corp, apontou que em 2019, o número de CNPJs registrados no Brasil para as mulheres somava o percentual de 42,544% do total cadastrado (AS MULHERES, 2019). Em 2020, o número aumentou 5% segundo dados do Sebrae.

O relatório da Global Entrepreneurship Monitor (2020), revelou que o Brasil atingiu a marca de 30 milhões de mulheres empreendedoras. O que significa crescimento de 40% no ano (AS EMPREENDEDORAS, 2020). No terceiro trimestre de 2022, o Brasil atingiu recorde da série histórica (AGÊNCIA SEBRAE, 2023) com a marca de 10,3 milhões de mulheres donas do negócio. Em 2023, segundo o Sebrae Paraná, o empreendedorismo feminino permanece em alta e já representa 45% da presença empreendedora no país.

Cabe aqui uma compreensão entre os termos dona do negócio e mulheres empreendedoras. Talvez você possa se perguntar qual a diferença entre eles. Então, para facilitar o entendimento, irei considerar o termo dona do negócio como a classificação feita pelo Sebrae (BRASIL, 2023) que considera ser uma mulher empresária aquela que está à frente do seu negócio, que é ou não empregadora e que possui CNPJ ou não. Empresária é profissão, uma classificação. Enquanto empreender está relacionado ao comportamento (SEBRAE, 2023). Quem possui perfil empreendedor é uma pessoa que identifica oportunidades, tem atitude proativa, constrói soluções de valor para seus clientes e atua com criatividade e inovação, mas não necessariamente está à frente de um negócio, como dono ou dona. No entanto, os dois conceitos são complementares.

Antes de continuarmos, gostaria de observar outro ponto que considero relevante sobre estudar o empreendedorismo. Como você pode perceber, citei uma sequência de dados sobre a participação das mulheres no universo empreendedor. Permito-me aqui acrescentar um parêntese sobre essa quantidade de números e a importância deles. O novo modelo de negócios no mercado digital é totalmente baseado em dados. Fazendo uma analogia, dados são como pedras preciosas que, após extraídas das minas, passam por todo processo de mineração até serem lapidadas e colocadas à mostra de quem irá visualizá-las, consumir e usar. Perceba que essas informações passadas em números apresentam uma realidade e, a partir disso, constrói hipóteses, analisa e faz constatações. Sigamos nessa jornada.

Muitos são os motivos que levam ao empreendedorismo feminino, em especial ao materno. Entre eles cito alguns, como: tentar conciliar a construção da carreira com o período propício para ter uma gestação e poder cuidar da educação dos filhos; flexibilidade para organização do próprio tempo; necessidade financeira; realização profissional e trabalhar com aquilo que gosta (TRAVASSOS; KONICHI, 2013).

De 2018 a 2021, apesar do cenário de pandemia, houve crescimento da participação de mulheres no empreendedorismo brasileiro. Veja no Quadro 1 o perfil das mulheres empreendedoras entre os três anos e pequenas evoluções no comparativo entre as posições ocupadas pelos homens e pelas mulheres:

Quadro 1 – Comparativo do perfil das mulheres empreendedoras

Categorias	2018	2020
Classificação como Empreendedoras Iniciais	7ª posição entre 49 países. Em 2017, ocupou a 3ª posição.	7ª posição entre 46 países.
Região com maior concentração de empreendedoras pesquisadas	-	43% do sudestes (lideram o ranking: SP com 23% e MG com 9%)
Idade	Mais jovens do que os homens (51% entre 35 a 55 anos).	Mais jovens que os homens (53% têm até 44 anos).
Escolaridade	25% têm nível superior (8% mais do que os homens)	29% têm nível superior (11% mais do que os homens)
Chefes de domicílio	45% são chefes de domicílio.	49% são chefes de domicílio.
Têm apenas um trabalho remunerado	96% têm apenas um trabalho.	-
Local de trabalho	25% trabalha em casa.	-
Tempo do negócio	75% estão há 2 anos ou mais no trabalho atual.	76% estão há 2 anos ou mais no trabalho atual
Horas dedicada ao negócio	• Trabalham 18% a menos horas no negócio do que os homens. • 38% trabalham menos de 40 hs/semana.	• Trabalham 22% a menos horas no negócio do que os homens • 59% trabalham menos de 40 hs/semana. (Segundo o IBGE, mulheres dedicam 10,4 horas por semana a mais que os homens aos afazeres domésticos ou ao cuidado de pessoas).

Categorias	2018	2020
Remuneração	• 49%ganham até 1 salário-mínimo. • 22% a menos que homens.	• 61% ganham até 1 salário-mínimo. • 15% a menos do que homens.
Setor de atuação	Destacam-se as atividades de beleza, moda e alimentação.	Setor de serviços com destaque para alojamento e alimentação.
Maturidade digital	• 50% registram informações financeiras no caderno, ao invés das opções eletrônicas de controle (Excel/softwares/apps) • As mulheres têm nível de informatização próximo ao dos homens.	-

Fonte: Sebrae (2018 e III tri/2020)

Ao analisar os dados da pesquisa Recorte dos Impactos da Pandemia, do Instituto Rede Mulheres Empreendedoras, no comparativo entre homens e mulheres, notei que as mulheres deram foco para mudanças estratégicas em seus negócios enquanto os homens buscaram cortar gastos e fazer empréstimos. Numa visão mais otimista, as empreendedoras demonstraram crer que a pandemia criou oportunidades de aprendizados. 59% delas citaram resiliência, 10 pontos percentuais a mais que os homens e 56% consideram a gestão estratégica como outro aprendizado contra 49% desse entendimento entre os homens pesquisados (EMPREENDEDORAS, 2020). Por outro lado, em relação às dificuldades apontadas no período da pandemia, para as mulheres, houve uma piora em relação à gestão do tempo.

Entre as estratégias adotadas para minimizar os impactos da pandemia destacaram-se a digitalização, o trabalho remoto e a redução de despesas. Como consequência positiva das ações adotadas, observa-se que as mulheres passaram a utilizar o digital para mais funções. 73% utilizaram estratégias de comunicação para divulgar produtos e serviços, 57% usaram o meio digital como canal de vendas, 51% para atendimento ao cliente e 23% utilizaram para comprar ou se comunicar com fornecedores. Entre as plataformas utilizadas com maior adesão destacam-se Facebook, Instagram e WhatsApp (EMPREENDEDORAS, 2020).

Apesar do forte uso do ambiente digital durante a pandemia, apenas 34% das mulheres entrevistadas disseram estar muito confiantes no uso do meio, o que indica oportunidade e, ao mesmo tempo, revela a necessidade de se aprofundar em estudos na área digital voltados para mulheres.

Em 2021, disponibilizei em grupos de WhatsApp e no Instagram, um formulário para que mulheres que fossem mães e empreendedoras pudessem preencher e compartilhar. Em um período de nove dias, 58 empreendedoras em diferentes estados do Brasil responderam às perguntas de forma voluntária. Embora esse formulário não tenha sido considerado um instrumento formal de pesquisa, foi possível coletar algumas informações que corroboram com resultados de pesquisas institucionais e de mercado.

Em uma pergunta aberta e não obrigatória sobre medidas adotadas para enfrentar a pandemia, das 44 respostas obtidas, apenas 15 citaram explicitamente que adaptaram o negócio ao ambiente digital. Outro dado levantado foi em relação a preferência e uso dos meios de pagamentos digitais como PIX e transferências eletrônicas. Os canais digitais foram citados como os mais usados pelas empreendedoras mães, tanto para se relacionar quanto para vender, no entanto, quando questionadas sobre a afinidade com estratégias de divulgação dos produtos e serviços entre tráfego orgânico e pago, havia pouco entendimento sobre as possibilidades e uso das ferramentas.

Travassos e Konichi (2013) exemplificam que, por definição, não existe semelhança entre *hobby* e negócio. A administração de um negócio exige estratégias de gestão e para prosperar deve haver um interesse comercial e financeiro. Além disso, investir em conhecimento e especialização beneficia o próprio negócio e possibilita à empreendedora ter mais confiança em si mesma para realizar um trabalho de qualidade e inovador. Para complementar esse raciocínio, Botelho e Scherer (2020) esclarecem que as mulheres precisam buscar mais escolaridade para estarem inseridas em condições iguais aos homens e se posicionarem no mundo dos negócios.

> As discussões sobre o empreendedorismo feminino já ultrapassam o entendimento de que a mulher entra nesse mercado para complementar a renda familiar. Trata-se de uma grande transformação nas estruturas mercadológicas, sociais e culturais que interferem nas expectativas e nas relações familiares, de consumo, de expectativa de serviços públicos (BOTELHO; SCHERER, 2020, p. 14).

Dessa forma, o empreendedorismo feminino não deve ser visto como algo temporário, feito de forma precária. As mulheres que optam por esse caminho, apesar das dificuldades, demonstram o desejo de gerar negócios rentáveis, duradouros e autônomos. Percebe-se que a busca pelo protagonismo da própria história, gera benefícios para a sociedade como um todo, pois uma vez que a mulher empreendedora se qualifica e proporciona o aumento da renda, possibilita crescimento econômico do local em que atua e, a depender do porte do empreendimento, oportunidades de emprego.

No site do Sebrae é possível ter acesso a informações de alguns estudos sobre a participação das mulheres na economia. Um deles foi realizado pelo Mckinsey Global Institute (2019) que projetou o impacto financeiro na economia se houvesse uma igualdade de condições de trabalho entre homens e mulheres. Até 2025, os ganhos chegariam a US$ 28 trilhões no produto interno bruto (PIB) mundial. No Brasil, a equidade de gênero no trabalho possibilitaria incremento de cerca de 30% do PIB brasileiro. Como é possível observar, há uma correlação positiva entre crescimento econômico de um país e participação econômica da mulher, que inclui as mulheres empreendedoras.

2

O MARKETING DIGITAL COMO FERRAMENTA DO EMPREENDEDORISMO

O marketing digital é uma poderosa ferramenta utilizada para incrementar os negócios desde sua estrutura até a divulgação. Seu alcance pode ser expressivo e os custos inferiores aos moldes tradicionais de publicidade. Mas, para falar sobre marketing entendo que é necessário compreender que essa é uma disciplina que tem origem no ambiente off-line.

Assim como o mundo passa por transformações, o marketing adaptou-se a novos modelos, desde estratégicos até aplicações táticas, para se tornar adequado à economia digital. No livro *Marketing 4.0: do tradicional para o digital* (2020), os autores descrevem uma evolução do tradicional conceito de mix de marketing (os quatro Ps) para a definição dos quatro Cs: cocriação (*co-creation*), moeda (*currency*), ativação comunitária (*communal activation*) e conversa (*conversation*) (KOTLER; KARTAJAYA; SETIAWAN, 2020).

Na economia digital, a cocriação é a remodelagem da estratégia de criação de produtos. O novo conceito permite ao cliente a personalização de produtos e de serviços gerando proposições de maior valor para ele. O conceito de precificação passa a estabelecer preços flexíveis permitindo que as empresas otimizem a rentabilidade sobre produtos e/ou serviços ofertados. De que maneira? Empresas passam a cobrar preços variados para determinados clientes, por exemplo, com base em histórico de compras, proximidade com lojas físicas, entre outros dados relacionados ao comportamento de consumo e momento de vida do cliente. Sobre o conceito de canal, em um mundo conectado, o fácil acesso e a instantaneidade são exigências do consumidor, o que torna a ativação comunitária essencial. E, por fim, o conceito de promoção deixa de ser algo unilateral e passa a dar importância à interação dos consumidores. A ascensão dos sistemas de avaliação dos produtos e serviços possibilitam que usuários recomendem ou critiquem o que está sendo ofertado (KOTLER; KARTAJAYA; SETIAWAN, 2020).

A partir dessa conexão entre o tradicional e o mix de marketing conectado, as empresas aumentam suas chances de se manterem no mercado. Entretanto, é preciso mudar o paradigma da forma de vender. Larrossa (2021), autor do livro *Instagram, WhatsApp e Facebook para negócios*, alerta que as marcas não devem pensar que, por terem uma conta nas redes sociais, estão em um local que podem vender o tempo todo. Segundo o autor, as pessoas estão nas redes sociais para consumirem três tipos de conteúdo: educação, informação e entretenimento.

Na mesma linha de pensamento, Torres (2019) expõe que para compreender o comportamento do consumidor ao acessar à internet é preciso ter como guia o entendimento de que suas necessidades são: informação, entretenimento e relacionamento.

Entre as duas visões, destaca-se o relacionamento com o forte atrativo das redes sociais e o grande diferencial de posicionamento das marcas e empreendedores.

Martha Gabriel (2020), profissional referência nas áreas de marketing digital, inovação e educação, conceitua o marketing como a disciplina responsável por determinar posicionamento e objetivos da presença digital. A tecnologia fornece a estrutura ideal para que os objetivos de marketing sejam implementados na presença digital e o design é responsável por garantir a experiência ideal para o público-alvo. E ainda complementa:

> A maneira como uma empresa se apresenta é um fator vital para o seu sucesso e, com o advento da Internet e mais recentemente das mídias sociais, estabelecer uma imagem positiva e criar uma marca em ambiente digital é tão importante quanto no ambiente tradicional (GABRIEL, 2020, p. 329).

Atualmente, falar de redes sociais[8] automaticamente nos remete ao TikTok, Facebook, Instagram, Twitter (Que recentemente passou por uma mudança de posicionamento de marca), entre outras plataformas, mas as redes sociais existem desde a antiguidade e relacionam-se a pessoas conectadas em função de um interesse em comum, enquanto as mídias sociais associam-se a conteúdos (texto, imagem, vídeo etc.) gerados e compartilhados pelas mesmas pessoas nas suas redes sociais. Dessa forma, tanto as redes sociais como as mídias sociais, em sua essência, não têm nada a ver com tecnologia, mas com pessoas e conexões humanas (GABRIEL, 2020).

Solomon (2016, p. 519) autor do livro *O comportamento do consumidor: comprando, possuindo e sendo*, reforça o conceito de redes sociais considerando a relação de comunidades, conforme cita:

> Todas as comunidades, sejam elas online ou do mundo físico, têm importantes características em comum: os participantes experimentam um sentimento de afiliação, uma sensação de proximidade com o outro (ainda que nos grupos online o eu físico dos outros membros possa estar a milhares de quilômetros de distância) e, na maioria dos casos, algum interesse pelas atividades da comunidade. Os membros podem se identificar com uma missão em comum [...].
>
> As comunidades ajudam os membros a satisfazerem suas necessidades de afiliação, aquisição de recursos, entretenimento e informação. Acima de tudo, as comunidades são sociais! Seja online ou offline, elas prosperam quando os membros participam, discutem, compartilham e interagem uns com os outros e recrutam novos membros para elas. Os membros variam em grau de participação. Porém, quanto mais ativa a participação, mais saudável a comunidade.

---

[8] Redes sociais no marketing são definidas pelo uso de sites de mídia social baseados para permanecer conectado com amigos, familiares, colegas ou clientes. As redes sociais podem ter um objetivo social, comercial ou ambos, por meio de sites como Facebook, Instagram, Twitter, LinkedIn, TikTok, entre outros; as redes sociais se tornaram uma base significativa para os profissionais de marketing que desejam envolver os clientes ao longo da sua jornada. Os profissionais de marketing usam as redes sociais para aumentar o reconhecimento da marca e incentivar novos negócios. As redes sociais em ambiente digital tornam uma empresa mais acessível a novos clientes e mais reconhecida pelos clientes existentes, elas ajudam a promover a voz e o conteúdo de uma marca (GABRIEL, 2020, p. 233).

Em resumo, embora existam diferenças entre os ambientes on-line e off-line, o ser humano é o mesmo. Os comportamentos e preferências de um consumidor não deixam de existir em função do meio em que ele se relaciona. O que muda são as formas de se relacionar com novos recursos digitais que amplificam a sua atuação nessas redes, mas o comportamento é o mesmo. O que não determina uma postura engessada e rígida ao longo de toda vida, porém a questão é que a mudança do comportamento humano, em geral, quando ocorre se reflete em todas as dimensões da vida (GABRIEL, 2020, p. 411).

Portanto, as redes sociais são um ambiente no qual o marketing atua com uma finalidade. Com o marketing digital é possível focar no público-alvo ou na persona[9] para atender às suas necessidades e desejos, e, por outro lado, analisar o comportamento humano e avaliar os cenários com suas oportunidades e ameaças em um ambiente conectado em redes.

Como é possível observar, os conceitos do marketing estão bastante relacionados ao empreendedorismo, então, podem e devem ser aplicados para apoiá-lo no desenvolvimento de novos negócios, especialmente no ambiente digital.

2.1 O marketing digital na estratégia do empreendedorismo materno

Para abordar a estratégia do empreendedorismo materno cabe uma reflexão sobre a relação maternidade-habilidade-trabalho. Essa observação poderá trazer indícios da maturidade digital das mulheres, em especial, daquelas que decidem empreender.

---

[9] Algumas empresas adotam o conceito da persona para estruturar a estratégia de relacionamento e vendas. Tanto público-alvo como persona definem um conjunto de características das pessoas com perfil potencial de consumo de determinado produto ou serviço. Portanto, os dois conceitos têm o mesmo objetivo, no entanto, adotam metodologias diferentes para sua definição. O público-alvo é segmentado por características demográficas, sociais e econômicas. A persona envolve o perfil do público-alvo e outras características de personalidade como estilo de vida, preferências, dores e necessidades, valores, prioridades e hábitos de consumo.

Segundo Gutman (2020), a identidade feminina construída ao longo dos séculos leva a confusão dos papéis do "ser maternal" e do "ser mulher". Isso ocorreu porque a cultura social colocou o homem no âmbito público e a mulher no privado. Há apenas um século, após a Revolução Industrial, as mulheres operárias tiveram acesso ao trabalho remunerado. As das classes média e alta iniciaram no mercado de trabalho há apenas uma ou duas gerações. Soma-se a isso, o inconsciente coletivo que acredita que as mulheres devem se ocupar da questão da educação e das atividades da esfera materna, o que leva a baixa profissionalização e a remuneração reduzida. Ou seja, a relação mulher-mãe e mulher-profissional seria incompatível se a sociedade mantivesse o entendimento de que o amor incondicional da mãe se confunde com o desejo da mulher de servir, de estar à disposição do trabalho e alcançar uma retribuição profissional e financeira.

Por outro lado, Kotler *et al.* (2020) no livro *Marketing 4.0* menciona que a mulher, à medida que tende a equilibrar a vida familiar com a carreira, adquire características adaptadas às multitarefas. Segundo os autores, as mulheres são melhores gerentes quando envolvidas em atribuições complexas e multifacetadas, seja em casa, no trabalho ou nas duas situações.

Os autores classificam três papéis que as mulheres desempenham, são eles: coletoras de informações, compradoras holísticas e gerentes domésticas. As mulheres dedicam tempo pesquisando, examinando a qualidade e comparando preços. No momento de compra tendem a avaliar benefícios emocionais, funcionais, preço e atribuem o valor sendo mais fiéis e mais inclinadas a recomendar sua escolha à comunidade. Diante dessas qualidades, estão aptas a supervisionar e gerenciar os ativos da família, sendo influenciadoras para aquisição não apenas de produtos domésticos, como de investimentos e de serviços financeiros.

Do ponto de vista do desenvolvimento das habilidades, Travassos e Konishi (2013) apresentam dados de um estudo realizado na Royal Postgraduate Medical School, de Londres, que atestou a redução de 7% do cérebro de uma gestante no momento do parto. Seis meses depois, o tamanho voltou ao normal, porém com uma grande capacidade de aprendizagem devido à enorme exposição de desafios físicos e mentais enfrentados no pós-parto (ELISSON, 2005 *apud* TRAVASSOS; KONICHI, 2013). A mulher torna-se mais habilidosa, dinâmica, sensível e competente após tantos estímulos proporcionados pela chegada da maternidade e convívio com os filhos.

Tornar-se mãe proporciona à mulher uma mudança de postura diante dos desafios, pois desenvolve características essenciais e valorizadas no mercado de trabalho como a capacidade de liderança; de motivação; de compreensão e empatia; de coordenar várias tarefas ao mesmo tempo; de reconhecer talentos e de resiliência (TRAVASSOS; KONICHI, 2013, p. 117). Em diferentes situações essas capacidades são postas a prova, por exemplo, quando a mãe demonstra as ações a serem seguidas como dar um comando e orientar para a realização da tarefa de casa; quando busca argumentos para convencer a criança a comer; quando percebem as diferentes personalidades dentro de casa e lidam com cada uma de maneira específica (para aquelas que têm muitos filhos); quando deixam suas próprias vontades em segundo plano para priorizar os filhos; entre outras situações.

Sob a ótica profissional, Sandberg (2013) chefe operacional do Facebook, cita que para algumas mulheres, a gestação não significa redução de produtividade, ao contrário, muitas relatam e demonstram ter mais concentração e foco, estabelecendo prazos bastante definidos para o cumprimento das tarefas.

Uma publicação do site Rock Content[10], empresa referência no marketing digital, apresentou algumas habilidades de marketing essenciais para quem quer trabalhar com o digital. São elas: paixão pelo aprendizado; familiaridade com o digital; independência e dinamismo; paixão por métricas; mente analítica; domínio das principais técnicas de Marketing Digital; facilidade de trabalhar em

---

[10] Rock Content é uma empresa global de Marketing, sendo a maior da América Latina em Marketing de Conteúdo. Atualmente, possui sedes em Belo Horizonte, Minas Gerais, São Paulo e Guadalajara, no México (WIKIPÉDIA, 2021c).

equipe; curiosidade; empatia; criatividade; organização; iniciativa; conhecimento de Marketing de Conteúdo; foco centrado no cliente; visão estratégica; automotivação; boa comunicação; flexibilidade; inteligência emocional; visão holística; liderança; estar a par do que acontece no mercado; e interpretação de dados (BRAGA, 2021).

Muitas dessas habilidades podem ser adquiridas ou melhoradas a partir de cursos e treinamentos de qualificação, outras são características comportamentais natas. Assim, ao observar as capacidades desenvolvidas pelas mães, as habilidades essenciais para o marketing digital e a indicação do Marketing 4.0 centrado no ser humano para atração de marca (KOTLER; KARTAJAYA; SETIAWAN, 2020), percebe-se que existem semelhanças às qualidades maternas em administrar situações cotidianas. Travassos e Konichi (2013, p. 31) exemplificam:

> Com o propósito de melhorar a qualidade de vida e tornar a rotina mais prática, as mães empreendedoras estabelecem seus escritórios próximos de casa ou mesmo em suas próprias casas, e fazem muito mais uso da internet como ferramenta de negócios, em comparação aos homens. As empreendedoras perceberam que as mídias sociais são valiosas fontes de informação, pois são usadas ativamente por seus clientes como espaço para compartilhamento de opinião, críticas e afinidades.

As estatísticas de acesso em redes sociais on-line apresentadas por Martha Gabriel (2020) demonstraram que há mais mulheres que homens interagindo nas redes sociais. De acordo com um estudo realizado em março de 2021 pela Nuvemshop (MULHERES, 2021), 60% dos negócios virtuais dessa plataforma no Brasil eram administrados por mulheres, o que revela um crescimento de 10 pontos percentuais em relação ao registrado no ano anterior. Destaca-se o uso das redes sociais como estratégia de marketing para aumentar o alcance do empreendimento digital, sendo que 32% das empreendedoras utilizam o Instagram, o Facebook e o WhatsApp como forma de divulgar seus produtos, de se relacionar com seus clientes e de aumentar suas vendas. Ainda como resultado da pesquisa, foi identificado que 44% das mulheres fizeram parceria com influenciadores digitais tendo como contrapartida o fornecimento de produtos em troca de divulgação, enquanto 8% investiram algum valor nessa ação, o que permite inferir que ainda há espaço para crescimento dessa estratégia de marketing.

O marketing de influência tem se tornado cada vez mais valorizado e utilizado como estratégia, pois os influenciadores digitais geralmente vivem uma realidade próxima do cotidiano do público e suas recomendações, muitas vezes, são recebidas com credibilidade, como indicação de quem conhece e realmente usa o produto ou serviço. Reporta ao comportamento dos grupos mais restritos de WhatsApp em que existem trocas de dicas de um integrante para o outro. Devido à variedade de tipos de parcerias que podem ser acordadas, esse tipo de marketing não se restringe a grandes empresas sendo também adotado por empreendedores que iniciam seus negócios.

De maneira geral, as mulheres têm utilizado cada vez mais as estratégias do marketing digital para contribuir com o empreendedorismo materno e, muitas vezes, abrem espaço para ofertarem serviços e produtos inovadores. Concomitantemente, identifica-se em diferentes situações que a inovação também pode surgir das necessidades pessoais, dos desejos e das motivações da mulher empreendedora, em especial às mães que, em geral, percebem o mundo com um olhar diferente do que viam antes da maternidade.

Faço um parêntese para trazer um relato pessoal sobre isso. Percebo que a fase adulta é carregada de responsabilidades e compromissos. Muitas vezes não queremos fazer determinadas coisas, mas em função do momento de vida em que estamos, não é possível atender apenas à nossa vontade. Soma-se a isso a maternidade. Ao passo que ser mãe exige da mulher mais disposição física e mental e ter que cumprir com certos afazeres, à medida que o cansaço do pós-parto vai diluindo, a vontade de inovar nos afazeres cotidianos é bem comum em muitas mulheres. Eu passei por isso e percebo que algumas mulheres nos ambientes que círculo expõem comportamento semelhante.

3

UMA ESCOLA DE NEGÓCIOS PARA A MÃE EMPREENDEDORA

Até aqui vimos conceitos teóricos e dados do mercado sobre marketing digital e empreendedorismo. Com o intuito de aproximar ainda mais as informações desse tema no universo materno à realidade das mulheres empreendedoras, apresento um estudo de caso realizado em 2021 sobre o Grupo Mãe – Escola de Negócios da Mãe Empreendedora.

A escola surgiu em 2017 por meio de duas profissionais estabelecidas no mercado, Carmem Madrilis e Lia Castro. Elas identificaram a necessidade de entender como funcionava o mercado de trabalho para as mulheres após a maternidade. Inicialmente, o projeto chamado de Grupo Mãe tinha como objetivo gerar conexão entre mães empreendedoras em uma plataforma de networking. Em 28 de setembro de 2021, tive a oportunidade de entrevistar uma das fundadoras. Lia Castro declarou que o nascimento da escola de negócios tinha um intuito muito mais inspiracional:

> *Além da nossa motivação pessoal de tentar entender esse mercado e a gente sentir que queria contribuir com a equidade de gênero no mercado de trabalho, quando a gente criou o Grupo M.Ã.E., a gente percebeu que trazer conexão entre essas mães empreendedoras ou network não faria com que elas tivessem independência financeira. E o nosso grande objetivo é levar a liberdade para mulher mãe. Nós somos de uma geração que não foi ensinada a depender de ninguém, nós queremos ser independentes financeiramente e uma mulher, mãe independente financeiramente, faz escolhas com*

mais liberdade para a família dela e para os filhos. Ela consegue ter a maternidade que gostaria de ter, consegue promover coisas que gostaria de promover para a família dela, consegue se livrar de um relacionamento abusivo, diminui os casos de violência doméstica... Então, são infinitas motivações que tem como principal foco a independência financeira da mulher mãe (CASTRO, 2021).

Antes da criação do Grupo Mãe, as fundadoras possuíam carreiras profissionais estáveis e bem estabelecidas. Lia explicou que quando engravidou da primeira filha tinha uma agência de comunicação que funcionava de forma tradicional com muitos funcionários, processos e custos. Ao engravidar pela segunda vez, dessa vez de gêmeos, os clientes começaram a encerrar os contratos. Foi então que despertou um questionamento sobre a maneira que o mercado responde às profissionais quando engravidam. Do outro lado, Carmen passou por momentos delicados na gestação e perdeu o primeiro filho nove dias após o nascimento. Naquele momento tudo o que ela conhecia de trabalho e entendia como ser uma profissional de sucesso caiu por terra, na ocasião era executiva de uma grande empresa, mas devido ao acontecimento optou por dar um novo rumo à sua vida pessoal e profissional.

Diante das situações vividas, Lia e Carmen começaram a se questionar sobre como o mercado reagia com as mães e, no primeiro levantamento de dados que realizaram, identificaram uma pesquisa da FGV (2016) que apontou que 50% das mulheres são demitidas após o retorno da licença maternidade.

Com uma ideia de negócio em mãos, após sucesso e fracasso de outras experiências, participaram de um programa de aceleração de *startups* e compreenderam que a iniciativa de negócio teria uma vocação maior do que gerar conexão entre mulheres. Elas perceberam que a mulher-mãe que decidiu empreender precisa de conhecimento para tomar decisões e alcançar a independência financeira, e, devido às experiências profissionais de cada uma, foi possível mudar a rota do Grupo Mãe.

A partir do programa, desenvolveram uma metodologia intitulada Go! Mãe com o principal objetivo de auxiliar mulheres a saírem da renda extra e, de fato, conseguirem rentabilizar seus empreendimentos de forma mais profissional. Dentro da aceleração, o método foi testado e validado por mães empreendedoras até que chegasse ao formato utilizado na Escola de Negócios da Mãe Empreendedora. Em suma, a metodologia desenvolvida foi pensada para quem não tem experiência em administração do negócio próprio, muito menos um negócio otimizado com processos digitais. Dividido em 11 semanas, com a liberação de novo módulo após o cumprimento do anterior, o objetivo é que a aluna aplique o passo a passo no próprio negócio e perceba os resultados logo no início do processo.

De acordo com a cofundadora, à época da nossa entrevista, o Grupo MÃE – Escola de Negócios da Mãe Empreendedora, possuía estrutura de empresa com crescimento de mais de 200% por semestre, com faturamento anual de sete dígitos e aproximadamente 7.000 alunas atendidas pelo método Go! Mãe, distribuídas pelos diferentes estados brasileiros e países como Portugal, México, Estados Unidos e Canadá.

Em 2019, a empresa foi reconhecida no Prêmio Whow! de Inovação, maior festival de Inovação do Brasil, como empresa mais inovadora do Brasil nas categorias de Impacto Social e Mulheres mais inovadoras do Brasil. Ainda no festival, foi listada entre as 10 empresas brasileiras com potencial de crescimento disruptivo nos próximos três anos, com a premiação Empresa Rising Star do Mercado Brasileiro. Dada a eficiência do método Go! Mãe, em 2021 passaram a integrar o Hub[11] de educação e inovação no Brasil Learning Village, iniciativa HSM Group e Singularity University.

Em 2022, o Grupo Mãe passou por um processo de reposicionamento estratégico e, atualmente, é chamado de "M", Escola para Empreendedoras na Nova Economia Digital (EME).

---

[11] Hubs de inovação e educação são espaços voltados para a geração de negócios e soluções educacionais. O Learning Village é uma iniciativa liderada pela HSM e SingularityU Brazil para desenvolver um ecossistema, conectando e promovendo a geração de negócios entre *startups*, grandes empresas e laboratórios de inovação (LEARNING VILLAGE, 2021).

Quando iniciei o estudo, em 2021, os dados em relação à presença no ambiente digital traziam 30 mil seguidores no Instagram, em 2023, subiu para 51 mil[12], o mesmo ocorreu com as demais métricas digitais de engajamento em postagens, *stories*, *direct* e eventos híbridos. No Youtube atingiram a marca de 231 mil visualizações totais considerando aulas ao vivo, on-line e gratuitas. Além disso, conquistaram um aumento no número de inscritas no *mailing* com cerca de 97 mil mulheres cadastradas que recebem e-mails de conteúdo, de inspiração e, até 2021, de histórias sobre o universo das mães empreendedoras.

Vale observar, como citei anteriormente, que esse estudo ocorreu em 2021 e embora traga informações de anos posteriores (afinal, quero que você tenha informações mais recentes sobre o tema), o recorte que apresento neste livro é acerca do empreendedorismo materno e o objetivo da Escola à época da pesquisa. Esse foco deve-se, especialmente, pelo objetivo de tratar aqui reflexões sobre o empreendedorismo materno.

Como é possível notar, no movimento histórico da presença da mulher no mercado de trabalho, muitas vezes, faltam incentivos e estruturas condizentes às suas necessidades e competências. O mesmo ocorre com as mulheres que desejam empreender. Em alguns casos, falta conhecimento e compreensão da dinâmica da nova economia e dos processos, baseados nas estratégias do marketing digital. Diante disso, até 2021 a Escola atuava no cenário ideal para atender às necessidades e motivações das mães empreendedoras e consolidar o que chamam de o novo empreendedorismo materno.

3.1 Dores e motivações das mães empreendedoras

Como apresentado no tópico anterior, uma das motivações para o início da Escola de Negócios da Mãe Empreendedora foi a

---

[12] Dados atualizados em Dezembro de 2023, conforme informações do site https://www.linkedin.com/company/emeempreendedora/. Acesso em: 10 dez. 2023.

percepção pessoal das duas fundadoras sobre a relação do ambiente profissional com a mulher que se torna mãe.

Segundo Lia Castro (2021), muitas são as dores desse público. Destacam-se três: **Falta de tempo**, pois existe uma sobrecarga mental na figura da mãe, independente dela ser empreendedora ou não, e isso faz com que ela tenha muito menos tempo para fazer qualquer outra coisa da vida, inclusive ter o próprio negócio. **Falta de conhecimento**, porque no Brasil ainda não há uma cultura que ensine as pessoas a empreender. Estuda-se na faculdade, existem escolas técnicas, mas não há um ensino para despertar o conhecimento sobre como empreender. Outra dor compartilhada entre as mulheres-mães é **não ter apoio da família**, muitas vezes o marido ou companheiro entende o negócio dessa mulher como uma renda extra e trata essa relação de trabalho como algo extremamente informal e temporário. Devido a isso, a mulher acaba convivendo com o medo de assumir seu negócio e ter que voltar para um regime de carteira assinada que mudaria totalmente a dinâmica da vida que desejou ter, como passar mais tempo com os filhos, por exemplo.

Outro aspecto importante a ser considerado trata-se da relação empresa e funcionária. Enquanto as empresas não entenderem que para reter um talento é preciso políticas diferenciadas para a mulher que se torna mãe, elas vão continuar perdendo essa mão de obra física e intelectual, seja por decisão de sair do emprego tomada pela própria mulher, seja por ser demitida após o retorno da licença maternidade. Em ambos os casos, a mulher que sai do regime da CLT[13] precisa de uma renda e ter um negócio próprio acaba se tornando uma alternativa. Lia complementou em sua fala que segundo dados da Organização das Nações Unidas (ONU), se as empresas continuarem adotando exatamente o que elas vêm fazendo no trato com as funcionárias, o tempo até a equidade de gênero será de mais de 200 anos. Assim, as mulheres não alcançarão crescimento nas empresas proporcional aos homens, o que pode resultar numa migração em massa dessas mulheres para o empreendedorismo. Sendo assim, se

---

[13] Surgida pelo Decreto-Lei n.º 5.452, de 1 de maio de 1943, a Consolidação das Leis do Trabalho (CLT) é uma lei do Brasil referente ao direito do trabalho e ao direito processual do trabalho (WIKIPÉDIA, 2021d).

por um lado mantém-se uma relação desequilibrada no regime CLT, por outro é notório que há um potencial enorme de crescimento do mercado empreendedor materno.

Sobre as motivações, um estudo de 2021 organizado pelo Programa Ganha-Ganha da ONU Mulheres, demonstrou alguns motivos para a mulher-mãe começar a empreender, conforme exposto no Gráfico 1:

Gráfico 1 – Motivos para começar a empreender

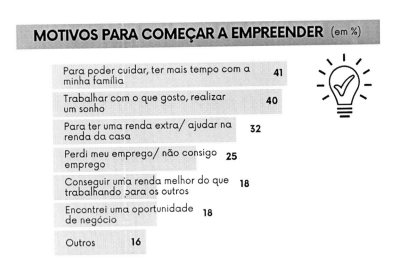

Fonte: ONU Mulheres (2021)

A principal motivação corresponde ao fator tempo. Porém, como apontado no relatório há um entendimento equivocado entre tempo e flexibilidade. A rotina de uma mãe, especialmente de filhos menores de 12 anos, deve conciliar a relação profissional com os cuidados com as crianças. Mas nem sempre empreender trará esse tempo maior dedicado para atenção aos filhos e à família.

Considerando esse ponto e demais dores e motivações, o método Go! Mãe, proposto pela Escola de Negócios da Mãe Empreendedora, pretendia apresentar soluções condizentes ao contexto da mulher que é mãe empreendedora e orientá-la na organização, planejamento e execução do próprio negócio.

3.2 Um método como ferramenta digital de apoio ao empreendedorismo materno

Para atender as diferentes necessidades das mulheres que buscam melhorar a gestão dos seus negócios, a Escola de Negócios da Mãe Empreendedora tinha alguns programas com níveis de aprofundamento diferentes específicos para as mães.

Selecionei o Team Upper+, que trazia o passo a passo do método Go! Mãe, desenvolvido a partir do programa de aceleração de *startups* que mencionei anteriormente. A metodologia era aplicada durante 11 semanas, composta por aulas e mentoria em grupo on-line. Durante o processo, as alunas mentoradas recebiam direcionamento para estruturar desde a concepção o modelo de negócio capaz de alcançar faturamento mensal constante e sustentável.

Conforme descrição no site do programa, os processos e estratégias foram elaborados para aplicação em todos os negócios e nichos de mercado. Eram disponibilizados dois tipos de suporte para sanar dúvidas das empreendedoras, sendo o primeiro dentro da área logada do Team Upper+ e o segundo consistia na comunidade do Telegram. Nesse grupo fechado, as mães empreendedoras trocavam informações, dicas, indicações, compartilhavam seus avanços e aprendizados, desabafavam e celebravam suas conquistas.

O método Go! Mãe apresentava ferramentas para que a empreendedora identificasse a relação direta entre cliente ideal, necessidade e venda ativa. Propunha a adoção de uma estratégia bem definida, com investimento adequado, mas que alcançasse o potencial consumidor do seu produto ou serviço. A base da metodologia, portanto, era fazer com que a dona do negócio encontrasse o público certo e fizesse a oferta conectada à sua necessidade. Somava-se ao método, a proposta adotada nos processos de aceleração de *startups* em que a melhor estratégia de comunicação da nova economia está relacionada ao uso das ferramentas do marketing digital.

Dessa forma, as etapas do programa incluíam a escolha do nicho certo; a definição da persona; a validação da hipótese de negócio, que conforme explicavam as criadoras do método era o que diferenciava a renda extra do alto faturamento; a escolha estratégica dos canais de comunicação, com atenção para a estética, o conteúdo e as parcerias firmadas; e, por fim, a definição da estratégia de vendas.

Na prática, como empreendedora, experimentei o método e foi fundamental para conhecer lacunas de desenvolvimento empresarial. Além disso, tive a oportunidade de conhecer histórias reais e ver os resultados positivos daquelas que aplicaram o método em sua integralidade.

Quanto à mensuração de resultados, na época da entrevista que fiz com a Lia, ela explicou que dentro dos programas da Escola de Negócios da Mãe Empreendedora era realizado um controle sobre a trajetória dos negócios enquanto estivessem sob cursos e mentorias da Escola. Assim que a empreendedora iniciava a jornada nos programas era avaliado o estágio em que se encontrava o negócio. Durante todo processo, era fornecido suporte como já mencionado e, ao final, uma nova avaliação era realizada. A verificação era feita por meio de questionário de acordo com o objetivo de cada programa. No caso do Team Upper+, o grande objetivo era chegar aos dez mil reais de faturamento.

Com base no acompanhamento era possível identificar o desenvolvimento das mentoradas. Lia relatou que havia quem faturasse de 6 a 30 mil reais por mês, outras que chegaram aos 200 mil de faturamento mensal, mas esses resultados dependiam muito do setor em que a mãe empreendedora estava, do potencial de escala do negócio e da aplicação do método posteriormente à mentoria. O método por si só não proporcionaria resultados se não houvesse disciplina e continuidade em sua aplicação (que foi o meu caso à época).

3.2.1 Histórias e resultados de mulheres-mães empreendedoras reais

Lia Castro, cofundadora do Grupo Mãe, destacou durante a entrevista a diferença entre renda extra e empreendedorismo. Segundo ela, a principal característica de uma renda extra é vender prioritariamente para conhecidos e parentes, é algo reduzido, de curto prazo e precarizado. No entanto, a partir do momento que a empreendedora aprende a usar o digital a seu favor por meio de estratégias, com objetivos claros e bem definidos e a compreender as funcionalidades das ferramentas de gestão e de marketing, ela consegue extrapolar a "bolha da renda extra" e passa a vender para pessoas desconhecidas expandindo sua rede de contatos. Além disso, conversamos também sobre a percepção da sociedade sobre a renda extra ser vista de forma amadora, enquanto um negócio estruturado causa outra impressão.

Para ilustrar os resultados de algumas mulheres que aplicaram o método Go! Mãe, apresento a seguir alguns casos de sucesso que estavam registrados no site do Grupo Mãe em 2021:

J. Figueiredo — especialista em parentalidade e superdotação: em maio de 2020, a especialista possuía um perfil no Instagram com cerca de 3 mil seguidores. O discurso de comunicação no perfil abordava o tema da Disciplina Positiva de forma generalizada. Apesar da quantidade de seguidores e do engajamento relativamente bom, não sabia como expandir e tornar rentável o negócio.

Em julho de 2020, ingressou no programa de mentoria e, a partir das orientações e práticas, criou um novo perfil com a estratégia de abordar um público bastante específico e nichado. A empreendedora optou por diminuir o mercado para o qual estava falando, no entanto, pela nova forma de apresentar conteúdos e se relacionar com o público, a cada dia foi demonstrando autoridade sobre o assunto abordado no perfil e se tornando referência no tema da Superdotação.

Em dezembro de 2020, realizou um lançamento com faturamento na ordem de R$ 6 mil. Alcançou o objetivo de escalar vendas e manteve um planejamento constante de lançamento no intervalo de três meses para descer cada vez mais o funil de vendas e engajar o público certo.

Como resultado alcançou seguidores altamente engajados e tem conseguido de forma autônoma planejar e mensurar a entrega de suas ofertas para o público específico e potencial comprador.

M. Frassetto — Pedagoga e mestre em educação escolar: a empreendedora atuava como professora em uma escola, mas renunciou ao emprego para continuar a carreira acadêmica no doutorado. Como lecionar é uma atividade prazerosa da qual gosta muito, montou uma sala de aula em casa e começou a atuar como professora de reforço particular.

Inicialmente prestava atendimento para quatro alunos. Com a chegada da pandemia as aulas foram suspensas e após serem retomadas, apenas um voltou às aulas entre os que estavam anteriormente matriculados.

Com o objetivo de encontrar uma solução que trouxesse retorno financeiro, a professora passou a acompanhar o perfil da Escola de Negócios consumindo conteúdos gratuitos e somente após alguns meses, decidiu arriscar e investir na mentoria para aprender conceitos que a ajudassem a prosperar com seu negócio.

Três meses após iniciar a mentoria em 2020, colocando em prática os conteúdos, orientações e oferecendo o diferencial do acompanhamento pedagógico personalizado, conseguiu superar a quantidade de alunos presenciais matriculados na pré-pandemia. Alcançou uma agenda com mais de 14 horas/ aula de reforço semanal sem disponibilidade para incluir novos alunos, porém conciliando rotina pessoal e profissional. Diante desse fato, iniciou o planejamento de um infoproduto para ser comercializado em sua rede social e poder expandir os atendimentos sem perder a qualidade do diferencial do negócio.

Como resultado da qualificação, passou a valorizar ainda mais o próprio trabalho, reconhecendo-o como uma fonte de renda rentável e duradoura. Descobriu outras formas de monetizá-lo, mesmo sendo prestação de serviço, algo que ela não imaginou que seria possível de acontecer no digital.

J. Lopes — artesã de laços para cabelo: sua empresa nasceu em 2018, após o nascimento do seu segundo filho. Surgiu da necessidade da empreendedora de trabalhar com algo para ela, que lhe proporcionasse satisfação. Iniciou de forma intuitiva, sem saber ao certo se teria sucesso e imaginava que bastava postar no Instagram para as pessoas conhecerem e o negócio prosperar.

Após um ano realizou algumas vendas presenciais para conhecidos e indicações, enquanto apenas uma venda on-line ocorreu no período. Em junho de 2019, conheceu o Grupo Mãe após ser impactada por um anúncio no Instagram. Fez a inscrição gratuitamente na maratona de lives e passou a acompanhar o perfil. Adotou algumas dicas, mas sentiu necessidade de aprofundar seu conhecimento no marketing digital, pois não queria desistir do negócio. Imaginava que o custo de uma mentoria seria inviável para ela, mas acabou optando por participar do programa de atendimento coletivo na tentativa de fazer dar certo o empreendimento.

Passado um ano, na primeira semana de junho de 2020, registrou um aumento de 300% nas vendas, resultado nunca antes obtido a partir do uso adequado das ferramentas de marketing digital no Instagram e ações de impacto para o público certo.

B. Guazzelli — loja de varejo no segmento de decoração: a empreendedora começou seu negócio on-line no começo de 2020, mesmo possuindo muita experiência em outras frentes de trabalho, percebeu que precisava de orientação profissional para encaminhar da melhor forma o seu negócio no digital. Muito consciente da potencialidade de democratização proporcionada pelas ferramentas do digital, sempre ponderou que a estratégia do meio não deveria ser feita de qualquer maneira ou sem atenção. Diante disso, buscou conhecer um método de trabalho com planejamento inteligente e voltado para o digital.

Durante sua jornada na mentoria participou dos encontros ao vivo, aproveitou a oportunidade para tirar dúvidas e trocar experiências com outras mentoradas.

Depois de quatro meses do negócio iniciado, mesmo em um período pandêmico, a empresa chegou aos cinco dígitos de faturamento. A empreendedora relata que alcançar um faturamento alto em um curto espaço de tempo favoreceu a autoestima para o negócio. Trata-se da confirmação de estar no caminho certo e forte incentivo para acreditar que está pronta para assumir os próximos desafios.

Apesar dos relatos de sucesso descritos aqui, cabe ressaltar, conforme me explicou a cofundadora do Grupo Mãe, que muitas mães empreendedoras não avançam e/ou sofrem impactos comprometendo o negócio devido a circunstâncias alheias à sua capacidade de ação.

A primeira barreira a ser quebrada é a ideia da síndrome da impostora[14] que induz ao pensamento de que a mãe empreendedora deve provisoriamente fazer uma renda extra e depois que os filhos crescem, voltar para um regime de trabalho formalizado pela CLT.

Após superar essa fase, a mulher empreendedora deve observar o seu contexto de vida, pois muitas mães acabam não conseguindo persistir no negócio devido a absurda sobrecarga mental que suportam, afirmou Lia.

Ela exemplificou que houve casos de mentoradas que estavam desenvolvendo muito bem seus negócios, mas um familiar adoeceu e a única responsável por cuidar desse ente era essa mulher. Houve outras situações em que o marido foi demitido, entrou em depressão e a mulher passou a ser o alicerce daquela família.

Mas, apesar dessas situações, de maneira geral, as mulheres são bastante comprometidas com o sucesso dos seus negócios e como, normalmente, são as principais responsáveis pelo cuidado das suas famílias, na maioria dos casos, precisam conciliar com resiliência esse papel que causa grande impacto na sua relação com o trabalho.

---

[14] A síndrome do impostor, fenômeno do impostor ou síndrome da fraude, é um fenômeno pelo qual pessoas capacitadas sofrem de uma inferioridade ilusória, achando que não são tão capacitados assim e subestimando as próprias habilidades, chegando a acreditar que outros indivíduos menos capazes também são tão ou mais capazes do que eles. Não se trata de uma desordem psicológica reconhecida oficialmente, mas ela tem sido o assunto principal de vários livros e ensaios por psicólogos e educadores (WIKIPÉDIA, 2021e).

4

REDES SOCIAIS E MATURIDADE DIGITAL: COMO FICA ESSA EQUAÇÃO NO CONTEXTO DA MÃE EMPREENDEDORA?

Em 2018, Google e Boston Consulting Group, empresa global de consultoria de gestão e estratégia de negócios, desenvolveram um estudo com algumas das maiores empresas brasileiras que mediu o nível de maturidade em marketing data-driven, também conhecido como marketing orientado por dados. O estudo "Uma perspectiva brasileira: a jornada do marketing orientado por dados" (HENRIQUES; RUSSO, 2018) apresenta quatro estágios diferentes de maturidade em que as empresas podem estar quanto ao uso de dados em marketing:

Quadro 2 – Estágio de Maturidade das Empresas

Nascentes	nível mais básico, em que empresas fazem campanhas usando dados de clientes gerados e mantidos por terceiros, com baixa ligação a resultados.
Emergentes	empresas fazem campanhas baseadas em dados de consumidores gerados e mantidos pela própria empresa, além da compra de mídia programática.
Conectadas	empresas mantêm dados integrados e ativados ao longo de múltiplos canais, com conexão clara a ROI e resultados de vendas.
Multimomento	nível mais evoluído, em que empresas têm execução otimizada e personalizada baseada no resultado individual de cada cliente, em todos os canais.

Fonte: Henriques e Russo (2018)

Antes de ser aplicado no Brasil, esse modelo foi executado no mercado europeu onde observaram que as empresas que avançam até o estágio multimomento podem ter um aumento de 20% nas receitas e uma redução de até 30% nos custos.

No Brasil, o estudo foi composto por pesquisas quantitativas e qualitativas e realizada com executivos representantes de mais de 60 das principais empresas nos setores: automotivo; alimentos e bebidas; cuidados pessoais; educação; empresas digitais; serviços financeiros; telecom e mídia; varejo; viagens e turismo; e vestuário. 61% das empresas encontravam-se no estágio nascentes ou emergentes. A maioria (55%) foi classificada como emergente, enquanto 37% ficaram em conectado, 6% em nascente e apenas 2% em multimomento (HENRIQUES; RUSSO, 2018).

O estudo ainda mostrou que no Brasil, embora os usuários de internet sejam receptivos aos anúncios digitais, principalmente aos que contenham temas do seu interesse, os investimentos em marketing digital são reduzidos em comparação a outros países. Isso ficou explícito, pois falta maturidade das empresas para promoverem ações digitais eficientes.

A transformação digital é resultado de estímulos da cadeia de valor que são classificados como:

> modelos de negócio que se relaciona a novos modelos econômicos; conectividade, que trata de engajamento em tempo real; processos, que tem como foco a experiência do cliente, automação e agilidade; e por fim, analytics, que está diretamente relacionado à melhor tomada de decisão e cultura de dados (MARTINS, 2021).

Para fazer a avaliação da maturidade é feita a associação desses estímulos com um conjunto de práticas que compreendem quatro dimensões fundamentais: estratégia; capacidades; organização e cultura.

A ferramenta Analytics & Digital Quotient (A&DQ), utilizada pela McKinsey & Company avalia 22 práticas de gestão distribuídas nas quatro dimensões conforme descrito no quadro a seguir:

Quadro 3 – Dimensões da Transformação Digital

Estratégia	Capacidades	Organização	Cultura
• consciência da mudança; • aspiração ambiciosa e de longo prazo; • vínculo à estratégia de negócio; • centralidade do cliente; • oportunidades de crescimento; • roadmap específico;	• marketing e vendas digitais; • jornadas do cliente; • dados e analytics; • modelos e plataforma tecnológica; • foco na geração de valor.	• estrutura; • colaboração entre negócio e tecnologia; • talentos; • proficiência em analytics e digital; • governança e métricas.	• agilidade; • teste e aprendizado; • experimentação; • colaboração interna; • orientação externa; • mentalidade baseada em dados.

Fonte: Meio & Mensagem (2021)

Com base nessas informações, associei os resultados das pesquisas do Sebrae (2019), do Instituto Rede Mulheres Empreendedoras (2020), da ONU Mulheres (2021), entre outras referências citadas aqui, como os relatos de mentoradas do Grupo Mãe – Escola de Negócios da Mãe Empreendedora e, com isso, analisei os dados e obtive indicativos do nível de maturidade digital das mulheres-mães empreendedoras.

4.1 A influência das redes sociais e a transformação do empreendedorismo materno

Diante da variedade das redes sociais disponíveis para interação no ambiente da internet e considerando as citações das mentoradas do método Go! Mãe, este estudo manteve o foco na plataforma de rede social priorizada pelas mães empreendedoras, o Instagram.

Dados do site Hootsuite (2020) apresentaram algumas estatísticas do Instagram para avaliação como ferramenta de negócio. A plataforma acessada via aplicativo ou web é o sexto site mais visitado e o quarto maior aplicativo em número de usuários. No Brasil, 51% são mulheres, enquanto 49% são homens, o que representa uma distribuição proporcional. Em 2020, a média de permanência no aplicativo foi de 30 minutos por dia e no mesmo período 200 milhões de usuários visitaram pelo menos um perfil de negócios. 90% dos usuários seguem o perfil de alguma empresa e 50% se interessam por uma marca após verem um anúncio. Duas em cada três pessoas declaram que a rede colabora na promoção de interações com as marcas e 81% usam o Instagram para pesquisar produtos e serviços (NEWBERRY, 2021).

Durante a pandemia, houve crescimento no número de usuários do Instagram sendo essa plataforma fonte de pesquisa comercial, informação e entretenimento. Os dados mostram a relevância dessa rede social e sua influência sobre os usuários. No entanto, apesar dos números, é preciso saber utilizá-los a favor do negócio.

As ferramentas do digital não são novidades para as mulheres empreendedoras, cada vez mais o número de usuárias aumenta. A informação da Nuvemshop (2020) demonstrou que 32% das empreendedoras da plataforma utilizam Instagram, Facebook e WhatsApp. Para diversificar a estratégia de comunicação, 44% das mulheres fizeram parceria com influenciadoras para promoção dos produtos e serviços (NUVEMSHOP, 2020).

No cenário da pandemia, a Rede Mulheres Empreendedoras (2020) encomendou uma pesquisa para avaliar, entre outros aspectos, as ações para combater os prejuízos da crise. A pesquisa mostrou que as ferramentas digitais já estavam em uso para benefício do empreendimento, observando pequeno aumento (15%) de usuárias que passaram a usar a internet ou as redes sociais para as vendas on-line.

Gráfico 2 – Ações que poderiam auxiliar os negócios no enfrentamento à crise

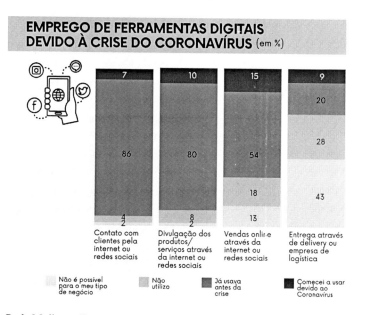

Fonte: Rede Mulheres Empreendedoras e Locomotiva Pesquisa & Estratégia (2020)

Os dados do Gráfico 2 podem ser confirmados comparando-os com os dados do Gráfico 3. A maioria das empreendedoras (91%) já utilizavam redes sociais para vender pela internet. No entanto, chama a atenção o percentual de 44% que não realizava vendas na internet por não saber como fazer vendas on-line. Um ponto de atenção quanto à necessidade de investimentos nessa área de conhecimento.

Gráfico 3 – Meios digitais usados para vender na internet

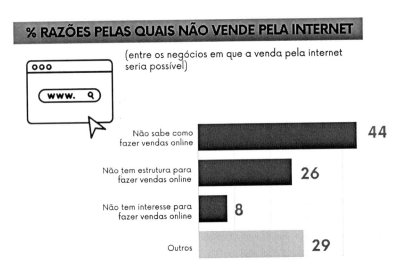

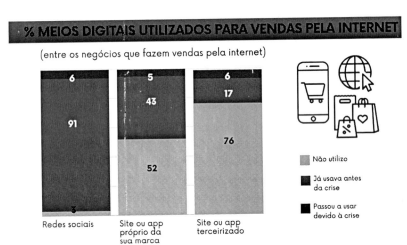

Fonte: Rede Mulheres Empreendedoras e Locomotiva Pesquisa & Estratégia (2020)

Na pesquisa realizada pela ONU Mulheres (2021), constatou-se que quanto mais nova é a mãe empreendedora maior o conhecimento e a habilidade que ela possui em relação às redes sociais. Por outro

EMPREENDEDORISMO MATERNO: UMA REVOLUÇÃO NA NOVA ECONOMIA

lado, o médio conhecimento apareceu equilibrado entre as demais faixas de idade, o que demonstrava um nível de equivalência entre as idades, mesmo comparando com as mais novas.

Gráfico 4 – Meios digitais usados para vender na internet

CONHECIMENTOS E HABILIDADES QUE POSSUI

VENDAS

	Muito	Médio	Pouco	Médio
Total	31%	43%	23%	3%
até 25 anos	45%	36%	18%	
26 a 30 anos	35%	42%	19%	5%
31 a 35 anos	22%	44%	31%	2%
36 a 40 anos	29%	48%	21%	3%
41 a 45 anos	38%	34%	24%	4%
46 ou mais	37%	51%	9%	5%
1 a 2 SM	28%	39%	28%	6%
2 a 5 SM	27%	49%	24%	%
5 a 10 SM	34%	45%	17%	4%
10 a 20 SM	31%	42%	24%	3%
acima de 20 SM	44%	28%	25%	3%
Não resp.	27%	60%	13%	

DESENVOLVIMENTO DE NOVOS PRODUTOS

	Muito	Médio	Pouco	Médio
Total	29%	42%	21%	7%
até 25 anos	27%	45%	27%	
26 a 30 anos	21%	53%	16%	9%
31 a 35 anos	31%	40%	20%	6%
36 a 40 anos	25%	49%	20%	6%
41 a 45 anos	29%	38%	24%	9%
46 ou mais		51%	26%	14% 9%
1 a 2 SM	23%	40%	28%	9%
2 a 5 SM	30%	45%	20%	5%
5 a 10 SM	32%	42%	19%	6%
10 a 20 SM	32%	41%	14%	13%
acima de 20 SM	33%	44%	19%	%
Não resp.	27%	40%	27%	7%

REDES SOCIAIS

	Muito	Médio	Pouco	Médio
Total	29%	42%	26%	3%
até 25 anos		45%	45%	9%
26 a 30 anos	33%	44%	16% 9%	
31 a 35 anos	34%	31%	30%	4%
36 a 40 anos	29%	46%	25%	%
41 a 45 anos	23%	42%	30%	5%
46 ou mais	21%	56%	19%	5%
1 a 2 SM	21%	40%	34%	5%
2 a 5 SM	34%	45%	17%	%
5 a 10 SM	29%	41%	27%	4%
10 a 20 SM	33%	41%	24%	1%
acima de 20 SM	25%	39%	33%	3%
Não resp.	33%	53%	13%	

Legenda: Muito Conhecimento/domínio | Médio Conhecimento/domínio | Pouco Conhecimento/domínio | Médio Conhecimento/domínio

Fonte: ONU Mulheres (2021)

Sobre a participação das mães empreendedoras na interação com as redes sociais, em especial ao Instagram, dados apresentados pelas Escola de Negócios da Mãe Empreendedora mostraram que nos últimos quatro meses que antecederam a entrevista com Lia Castro em 2021, cerca de 50 mil mulheres consumiram os conteúdos e participaram de alguma aula ao vivo e gratuita. Embora seja um número expressivo, quando comparado ao mercado de mães empreendedoras (mais de 20 milhões) é possível perceber que ainda há muito território a ser explorado com esse público.

De qualquer maneira, com a aplicação de estratégias adequadas e pelo uso das redes sociais, as mães empreendedoras poderão vislumbrar um negócio rentável que não se reduza a uma renda extra. Pois, se por um lado as redes sociais são plataformas para conversão de vendas e geração de negócios, por outro lado, as mães que empreendem tendem a trocar ideias pela internet, compartilham dúvidas e dificuldades que enfrentam e, nessa interação própria das redes sociais, podem perceber possibilidades de criação e de ajustes em seus negócios. Sendo assim, nesse ambiente colaborativo, podem realizar uma escuta ativa, identificar sentimentos e conteúdos para orientar decisões, e consequentemente, demonstrar a capacidade de inovação, referenciando-se na experiência dos clientes e usuários.

4.2 No marketing orientado por dados, a Maturidade digital indica caminhos para serem seguidos

Segundo o relatório "Os desafios das mães empreendedoras na pandemia", organizado pela ONU Mulheres (2021), as empreendedoras faziam uma avaliação positiva sobre o nível de conhecimento em relação ao próprio negócio.

Gráfico 5 – Formação e conhecimento

Fonte: ONU Mulheres (2021)

Destacaram-se às atividades relacionadas ao marketing digital com 42% das respondentes indicando ter médio conhecimento/domínio sobre redes sociais e marketing e 37% o mesmo nível de conhecimento em vendas on-line. Por outro lado, as ações relacionadas à gestão estão entre as de menor conhecimento, sendo: pesquisa, planejamento e finanças.

Essa percepção das mulheres pesquisadas, corrobora com a avaliação da Escola de Negócios da Mãe Empreendedora. De acordo com Lia Castro, existia no mercado muita informalidade. O trabalho da mulher não vinculado à carteira assinada era reduzido a uma renda extra. Segundo pesquisas da Escola, havia um número exorbitante de mães que trabalhavam no regime da CLT, mas gostariam de investir no próprio negócio vislumbrando algo profissionalizado e de longo prazo capaz de proporcionar independência financeira.

Ao analisar os resultados do relatório organizado pela ONU Mulheres (2021), observei que as empreendedoras valorizaram bastante os conhecimentos de gestão do negócio, em especial finanças e planejamento; práticas de vendas e divulgação como forma de crescimento do negócio. No entanto, na mesma pesquisa alguns desses itens foram apontados como de pouco conhecimento e domínio. Comparando com os relatos das mentoradas do Team Upper+, notei alguma semelhança quando a maioria citou buscar o método Go! Mãe para obter um direcionamento e organizar o planejamento das ações voltadas ao empreendimento.

Enquanto as mães mentoradas relataram resultados positivos, aquelas que não possuíam nenhum tipo de apoio na jornada do empreendedorismo, segundo o relatório, entraram em um "ciclo de descrédito individual e coletivo empurrando as mulheres para atividades precarizadas".

A pesquisa do Instituto Rede Mulheres Empreendedoras em parceria com a Locomotiva (2020), reforçou a carência de especialização sobre uso dos recursos digitais.

Gráfico 6 – Ações que poderiam auxiliar os negócios no enfrentamento à crise

Fonte: Rede Mulheres Empreendedoras e Locomotiva Pesquisa & Estratégia (2020)

Entre as ações listadas, 58% acreditavam que assessoria para digitalização, uso da internet e ferramentas on-line ajudariam muito nos negócios para o enfrentamento da pandemia. O relatório da ONU Mulheres (2021) ratificou a demanda, pois 94% das entrevistadas acreditavam que receber ajuda/ orientação na gestão fortaleceria o negócio. Portanto, o aprofundamento de conhecimento no que diz respeito à digitalização era uma necessidade real, e a meu ver, até a data desta publicação, permanece.

Somou-se a esse fato, a privação de mais tempo dedicado aos negócios. 98% das mulheres, pesquisadas pela ONU Mulheres (2021), gostariam de dedicar mais tempo para a divulgação. Ao comparar essa informação às pesquisas do Sebrae de 2018 e 2020, percebo que houve redução do tempo dedicado entre os anos. Provavelmente em função da pandemia, com o acúmulo de funções, o número de mulheres que trabalharam menos de 40 horas semanais passou de 38% para 59%. O que contrapõe uma das principais motivações para o empreendedorismo materno.

A maioria relatou que a escolha desse caminho profissional seria a possibilidade de flexibilizar o tempo, conciliando carreira e família, no entanto a realidade nem sempre permite. Já as mães mentoradas do Team Upper+ relataram que com a orientação dada no curso foi possível organizar a rotina para que as obrigações da empresa não entrassem em conflito com as demandas da vida familiar, mesmo com a rotina comprometida devido à pandemia.

Sendo assim, a relação tempo e qualificação está diretamente ligada. É preciso ter disposição para aprender e se aprofundar nos aspectos relacionados ao negócio, porém a sobrecarga de trabalhos domésticos pode interferir no aprendizado e, consequentemente, na qualidade dos trabalhos desenvolvidos profissionalmente. A fim de minimizar os prejuízos dessa relação, uma orientação qualificada e a sua prática podem ser facilitadores para um bom desempenho de resultados. Além disso, a participação da mulher em grupos de mulheres em contextos semelhantes, como grupos no WhatsApp, comunidades no Facebook e presença em perfis fechados no Instagram, por exemplo, pode fortalecer a autoconfiança e incentivar a continuidade do empreendedorismo.

De qualquer forma, observei que as mulheres que buscaram qualificar o próprio negócio, de maneira geral, estavam dispostas a estudar e capacitar-se. Elas demonstraram ter a mente aberta para os desafios da nova economia, estavam integradas às plataformas digitais e, mesmo que muitas vezes não soubessem por onde começar ou seguir, arriscaram-se na tentativa de obter bons resultados.

A exemplo disso, segundo a pesquisa Recorte dos Impactos da Pandemia (2020), para minimizar os efeitos do cenário desafiador, entre as estratégias adotadas destacaram-se a digitalização, o trabalho remoto, a redução de despesas e mudanças estratégicas nos negócios. Com essas ações, o digital passou a ser usado para mais funções como: reforçar estratégias de comunicação na divulgação dos produtos e serviços; uso das redes sociais como canal de vendas e atendimento ao cliente. Além da maior adesão ao Facebook e Instagram (72% das mulheres em comparação a 67% dos homens) e WhatsApp (75% das mulheres contra 71% de homens) (EMPREENDEDORAS, 2020).

Os dados apresentados demonstraram que as redes sociais e o digital como um todo, colocaram a mãe empreendedora em condições de se fazerem presente aos olhos dos consumidores sem a necessidade de uma loja física. As ferramentas digitais permitiram a mobilidade, pois estavam (e estão) disponíveis nos smartphones, nos computadores, em nuvens, na variedade de aplicativos e possibilidade de colaboração entre equipes, além de possuir baixo custo para aquisição em comparação a outros tipos de custos de um empreendimento.

Tendo em vista as habilidades citadas no Capítulo 2 deste livro, as mães empreendedoras demonstram um grande potencial para elevar o nível do empreendedorismo brasileiro. Ainda há espaço para aprofundar no conhecimento do digital, mas outros quesitos fundamentais são perceptíveis como: paixão pelo aprendizado; dinamismo; curiosidade; organização; iniciativa; visão estratégica entre outras características. Essas habilidades vinculadas às dimensões da transformação digital indicam o exponencial de crescimento do empreendedorismo materno.

Sendo assim, algumas práticas dentro das quatro dimensões para avaliar a maturidade digital das mães empreendedoras se destacam.

No quesito Estratégia, compreendo que houve abertura para o novo considerando as práticas comportamentais em destaque. São elas: consciência da mudança; aspiração ambiciosa e de longo prazo; e oportunidade de crescimento.

Em relação à categoria Capacidades, em especial as mulheres que receberam algum tipo de capacitação, houve bom entendimento sobre marketing e vendas digitais; jornada do cliente e foco na geração de valor. Mas, a grande maioria das pesquisadas demonstrou carência quando se tratava de conhecimento e capacitação.

Sobre a dimensão Organização, não foi possível mensurar o nível de aplicação entre as mulheres, pois as pesquisas apresentaram dados sobre *home office*, mas não detalhou a estrutura e a relação do trabalho com as práticas que compunham a categoria.

E, por fim, associei as habilidades maternas ao item Cultura. Considerei evidente os aspectos: agilidade; teste e aprendizado; experimentação; e mentalidade baseada em dados. A escolha desses quesitos foi justificada pela preocupação da mulher em validar seu negócio, seja pelo produto ou pelo serviço oferecido. Compreender o alcance de suas publicações e anúncios com base em dados, em especial aquela mulher que buscou conhecimento sobre o assunto.

Quadro 4 – Dimensões da Transformação Digital com destaque para práticas do empreendedorismo materno

Estratégia	Capacidades	Organização	Cultura
• **consciência da mudança;** • **aspiração ambiciosa e de longo prazo;** • vínculo à estratégia de negócio; • centralidade do cliente; • **oportunidades de crescimento;** • roadmap específico;	• **marketing e vendas digitais;** • **jornadas do cliente;** • dados e analytics; • modelos e plataforma tecnológica; • **foco na geração de valor.**	• estrutura; • colaboração entre negócio e tecnologia; • talentos; • proficiência em analytics e digital; • governança e métricas.	• **agilidade;** • **teste e aprendizado;** • **experimentação;** • colaboração interna; • orientação externa; • **mentalidade baseada em dados.**

Fonte: baseado nas informações do site Meio & Mensagem (2021) e relatório Transformações digitais da McKinsey & Company (2019)

Diante do cenário pré-pandemia, comparados aos resultados das pesquisas de 2021, e pelo cruzamento das dimensões da transformação e maturidade digital, levantei a hipótese de que boa parte do empreendedorismo materno no Brasil encontra-se entre os estágios nascentes e emergentes, assim como apontado no estudo Google e BCG (2018) em relação às empresas brasileiras pesquisadas.

Como você pode notar, embora o empreendedorismo materno não seja algo recente, o movimento de profissionalização e adaptação ao digital demonstra o interesse e a capacidade das mulheres-mães em empreenderem em negócios rentáveis e duradouros. O que pode representar um enorme potencial de crescimento focado em inovação, com abertura para novos negócios e transformação da economia.

No marketing orientado por dados, a maturidade digital aqui indicada é fruto da pesquisa exploratória e descritiva. No entanto, não desenvolvi uma metodologia mais complexa para aferição dos diferentes níveis.

Portanto, a pesquisa não encerra a questão dos graus de conhecimento e uso do marketing digital orientado em dados. Todo esse estudo pretensiosamente provoca uma reflexão acerca do tema e possibilita o convite para o aprofundamento de novas contribuições ainda mais relevantes sobre incentivos, necessidades, aprimoramento de técnicas, entre outros estímulos e reforços que elevem a qualidade do mercado da mãe empreendedora e de toda sociedade.

NÃO É O FIM, APENAS COMEÇAMOS···

Chegamos ao fim deste livro após um percurso que nos possibilitou entrar em contato com a dinâmica do empreendedorismo materno. Vimos conceitos de inovação, da nova economia e do marketing digital como ferramenta de apoio estratégico ao desenvolvimento dos negócios.

A narrativa de dados contada nestas páginas, aponta para as fragilidades, forças, necessidades e anseios de mulheres dispostas a empreender.

É possível compreender a relevância das redes sociais como ambiente colaborativo para o empreendedorismo materno, identificar a transformação do negócio de mulheres-mães a partir de metodologias de trabalho aplicadas a essas redes e iniciar o processo de compreensão dos níveis de maturidade digital baseados em dados.

Sobre as crenças e o imaginário acerca da mulher-mãe-trabalhadora e da própria perspectiva de interação com o meio, identificamos aspectos delicados nessa relação. Vimos que a disponibilidade temporal entre os afazeres pode ser considerada um dos fatores principais que impulsionam a vontade de empreender. O tempo é um ativo valioso na organização da rotina. Se por um lado a busca pela flexibilidade de horários é uma das principais motivações para a busca do negócio próprio, por outro, a falta de tempo aparece como dificuldade no dia a dia da mãe que empreende.

E quando se trata de tempo dedicado ao estudo? Em vários momentos foi possível observar que as mulheres empreendedoras sentem falta de orientação para os negócios associada ao quesito conhecimento. Essa falta inibe uma atuação mais relevante no ambiente digital.

No entanto, essa lacuna, embora cause um atraso temporário nos negócios, pode ser vista como oportunidade para os profissionais de marketing, inclusive mães, de atuarem oferecendo soluções adequadas para o público que necessita.

Outro aspecto relevante identificado ao longo desta leitura é a ocupação da mulher-mãe na sociedade, suas obrigações e o papel que ocupa até hoje (2024), na relação familiar. Os avanços tecnológicos ganharam forma pela inovação, a nova economia é desenhada a cada dia e a mulher destaca-se em diversos papéis, embora muitas vezes não seja protagonista da história em função de circunstâncias que a fazem optar por um caminho ou outro.

O *home office* não ser mais visto de forma pejorativa favoreceu a entrada das mães empreendedoras na economia digital. A mulher após a maternidade desenvolve capacidades gerenciais, de agilidade e de inovação, características muito importantes para a condução das demandas diárias e, consequentemente, na relação com o trabalho.

Em 2024, atuar nas redes sociais não é algo inédito para as mães empreendedoras, pois é perceptível que antes da pandemia muitas já interagiam com o meio e realizavam vendas on-line, por exemplo. Porém não basta estar nas redes sociais. Sem objetivo negocial, conhecimento dos mecanismos de venda e público de interação muito bem definidos, não há engajamento e relacionamento que mantenha a saúde dos negócios.

Na prática, a partir das informações e relatos das mães que buscaram a Escola de Negócios da Mãe Empreendedora, ficou evidente que as ferramentas do digital influenciam positivamente o trabalho da mulher que deseja ter um negócio lucrativo sem abrir mão da presença na vida dos filhos. No entanto, os exemplos reforçam a ideia de que é preciso ter método, organização e conhecimento para se ter um negócio eficiente. E, também, o alcance do sucesso é influenciado por outros fatores e circunstâncias capazes de afetar o desenvolvimento dos negócios.

Em resumo, o empreendedorismo materno como vimos, pode ser compreendido como uma tendência social, uma evolução da participação das mulheres no mercado de trabalho, seguindo e/ ou impulsionando o desenvolvimento das novas tecnologias.

A modelagem do novo empreendedorismo materno abandona a cultura da renda extra, da informalidade e entra em cena com a formatação de negócios duradouros, estáveis, de longo prazo, que proporcionam a independência financeira da mulher-mãe, com perspectiva de nova maturidade digital. No entanto, para que isso se torne realidade e seja sustentável é preciso que a sociedade também esteja envolvida. É urgente e necessária uma visão inovadora que promova mudanças na dinâmica social, que possibilitem à mulher cumprir seu papel, seja ele qual for, com menos sobrecarga mental e mais autonomia, com mais autoridade e menos dependência financeira, fazendo suas escolhas conscientes no território que decidir empreender.

NOTA DA AUTORA

Quão desafiador foi atualizar e revisar este livro no período após fechar o contrato com a Editora Appris! Como mencionei na minha apresentação, sou mãe de cinco filhos com idades de 13, 10, 6, 4 anos e uma bebê de 1 ano. Muitas vezes enquanto redigia estas palavras uma neném frenética pulava na minha cadeira, brincando com meu cabelo e chamando o nome "mamãe" pelo menos umas 378 mil vezes. Ninguém disse que seria fácil, mas como bem diz minha amiga Manu Gaíva: precisa ser feito.

Algumas madrugadas foram sacrificadas para que eu pudesse chegar ao fim. Entre maternar, cumprir minha jornada de trabalho no banco, escrever histórias infantis e diversos outros afazeres, ajustei um capítulo e outro e, finalmente, foi concluído.

Se você chegou até aqui eu tenho uma coisa para lhe dizer: obrigada!

E tenho um pedido para fazer: apoie o empreendedorismo materno. Não julgue aquela mulher que decidiu sair do emprego formal para se dedicar aos filhos. E, não julgue aquela mulher que decidiu, em um determinado momento da vida, trabalhar de carteira assinada para complementar a renda familiar. Apoie-a!

O empreendedorismo não determina um cargo, um salário ou uma posição social, mas é próprio de um espírito altruísta, observador, agregador e resolutivo. Parafraseando Dani Junco (MARTINEZ, 2021): sob nenhuma circunstância, jamais duvide da capacidade de uma mãe determinada a ensinar aos seus filhos o valor daquilo que ela tem de melhor para oferecer.

REFERÊNCIAS

93 milhões de brasileiros estão envolvidos com empreendedorismo. **ASN**, 2022. Disponível em: https://agenciasebrae.com.br/wp-content/uploads/2023/05/gem-brasileiros-abr-2023.pdf. Acesso em: 25 jun. 2023

ABUKATER, V. D. Os desafios das mães empreendedoras na Pandemia. **ONU Mulheres,** 2021. Disponível em: http://www.onumulheres.org.br/wp-content/uploads/2021/09/ONU_CA1.pdf. Acesso em: 5 out. 2021.

A diferença entre ser empreendedor e ser empresário. **Sebrae**, 2023. Disponível em: https://sebrae.com.br/sites/PortalSebrae/artigos/a-diferenca--entre-ser-empreendedor-e-ser-empresario,59634dbf5f5c5810VgnVCM-1000001b00320aRCRD. Acesso em: 11 dez. 2023.

AS EMPREENDEDORAS e o coronavírus: os negócios femininos no Brasil em meio a pandemia. **Rede Mulher Empreendedora e Instituto Locomotiva**, 2020. Disponível em: https://rme.r.et.br/pesquisa/. Acesso em: 15 ago. 2021.

AS MULHERES já são mais de 42% dos empreendedores do Brasil. **Terra**, 2019. Disponível em: https://www.terra.com.br/noticias/dino/as-mulheres--ja-sao-mais-de-42-dos-empreendedores-do-brasil,bb555f292dd657599e-3f7339450b70968kkar1qh.html. Acesso em: 13 maio 2021.

BARRETO, D. **Nova Economia:** entenda por que o perfil empreendedor está engolindo o empresário tradicional brasileiro. São Paulo: Gente, 2021.

BERTÃO, N. Mulheres estão conquistando mais espaço em tecnologia e carreiras digitais. **Valor Investe**, 2021. Disponível em: https://valorinveste.globo.com/objetivo/empreenda-se/noticia/2021/03/10/mulheres-estao--conquistando-mais-espaco-em-tecnologia-e-carreiras-digitais.ghtml. Acesso em: 5 out. 2021.

BESSANT, J.; TIDD, J. **Inovação e Empreendedorismo**. 3. ed. Porto Alegre: Bookman, 2019.

BOTELHO, L. L. R.; SCHERER, L. **Empreendedorismo Digital Feminino.** Ananindeua: Itacaiúnas, 2020.

BRAGA, D. 23 habilidades de marketing essenciais para quem quer trabalhar com digital. **Rock Content,** 2021. Disponível em: https://rockcontent.com/br/blog/habilidades-de-marketing/. Acesso em: 5 out. 2021.

BRASIL alcança marca histórica de mulheres à frente de empreendimentos. **ASN,** 2023. Disponível em: https://datasebrae.com.br/wp-content/uploads/2023/10/mulheres-recorde-empreendedoras-mar-2023.pdf. Acesso em: 19 ago. 2023.

BRASIL tem a 7ª maior participação feminina entre novos empreendedores. Pequenas Empresas Grandes Negócios. **Globo,** 2019. Disponível em: https://revistapegn.globo.com/Mulheres-empreendedoras/noticia/2019/03/brasil-tem-7-maior-participacao-feminina-entre-novos-empreendedores.html. Acesso em: 29 ago. 2023.

CARMO, J. Mulheres no mercado de trabalho: panorama da década. **Catho,** 2020. Disponível em: https://www.catho.com.br/carreira-sucesso/carreira/o-mercado-de-trabalho/mulheres-no-mercado-de-trabalho-panorama-da-decada/. Acesso em: 13 maio 2021.

CHAT gpt: o que é, como funciona e como usar. **Mundo Conectado,** 2023. Disponível em: https://mundoconectado.com.br/artigos/v/31327/chat-gpt-o-que-e-como-funciona-como-usar. Acesso em: 24 jul. 2023.

CONSOLIDAÇÃO das Leis do Trabalho. *In:* Wikipédia, a enciclopédia livre, 2021d. Disponível em: https://pt.wikipedia.org/w/index.php?title=-Consolida%C3%A7%C3%A3o_das_Leis_do_Trabalho&oldid=61773055. Acesso em: 4 ago. 2021.

DEL PIORE, M. **Histórias e Conversas de Mulheres:** Amor, sexo, casamento e trabalho em mais de 200 anos de história. 2. ed. São Paulo: Planeta, 2014.

DORNELAS, J. **Empreendedorismo, transformando ideias em negócios.** 8. ed. São Paulo: Empreende, 2021.

EME Escola da mãe empreendedora. **EME**, 2022. Disponível em: https://www.emeempreendedora.com.br/. Acesso em: 2 set. 2023.

EMPREENDEDORAS e seus Negócios 2020: Recorte dos impactos da pandemia. **Instituto Rede Mulher Empreendedora**, 2020. Disponível em: https://rme.net.br/pesquisa/>1606148439EMPREENDEDORAS_E_SEUS_NEGCIOS_2020__RECORTE_DOS_IMPACTOS_DA_PANDEMIA.pdf. Acesso em: 5 set. 2021.

GABRIEL, MARTHA. **Marketing na Era Digital:** Conceitos, Plataformas e Estratégias. 3. ed. Porto Alegre: Bookman, 2019.

GLOBAL Entrepreneurship Monitor Empreendedorismo no Brasil: 2019. Curitiba: **IBQP**, 2020. Disponível em: https://ibqp.org.br/wp-content/uploads/2021/02/Empreendedorismo-no-Brasil-GEM-2019.pdf. Acesso em: 14 jul. 2021.

GRUPO MÃE. Disponível em: https://www.grupomae.com.br. Acesso em: 26 set. 2021.

GUTMAN, L. **A Maternidade e o Encontro com a própria sombra.** 19. ed. Rio de Janeiro: BestSeller, 2020.

HENRIQUES, A.; RUSSO, R. Empresas com maturidade digital lucram mais e gastam menos: saiba como chegar lá. **Think With Google**, 2018. Disponível em: https://www.thinkwithgoogle.com/intl/pt-br/futuro-do--marketing/novas-tecnologias/empresas-com-maturidade-digital-lucram--mais-e-gastam-menos-saiba-como-chegar-la/. Acesso em: 5 out. 2021.

INSTAGRAM. *In:* Wikipédia, a enciclopédia livre, 2021a. Disponível em: https://pt.wikipedia.org/w/index.php?title=Instagram&oldid=62267868. Acesso em: 25 ago. 2021.

KNICKERBOCKER, K. What is femtech?. **PitchBook**, 2023. Disponível em: https://pitchbook.com/blog/what-is-femtech. Acesso em: 4 ago. 2023.

KOTLER, P.; KARTAJAYA, H.; SETIAWA, I. **Marketing 4.0**: do tradicional ao digital. Rio de Janeiro: Sextante, 2020.

LAGES, P. **Lugar de mulher é onde ela quiser:** o manual para quem quer vencer na carreira profissional ou empreender seu próprio negócio. Rio de Janeiro: Vida Melhor, 2016.

LARROSSA, L. **Instagram, Whatsapp e Facebook para negócios.** São Paulo: DVS Editora, 2021.

LEARNING VILLAGE. **Sobre.** Disponível em: https://learningvillage. com.br/sobre/. Acesso em: 10 out. 2021.

MACHADO, C.; PINHO NETO, V. R. The Labor Market Consequences of Maternity Leave Policies: Evidence from Brazil. **EPGE-FGV,** 2016. Disponível em: https://portal.fgv.br/sites/portal.fgv.br/files/the_labor_market_consequences_of_maternity_leave_policies_evidence_from_brazil. pdf. Acesso em: 18 ago. 2021.

MANUAL de Oslo: diretrizes para coleta e interpretação de dados sobre inovação. 3. ed. **Finep,** 2006. Disponível em: http://www.finep.gov.br/ images/apoio-e-financiamento/manualoslo.pdf. Acesso em: 25 ago. 2021.

MARTINEZ, F. Empreendedorismo materno: 5 dicas para mães que querem ter o próprio negócio. **G1,** 2021. Disponível em: https://g1.globo.com/ economia/pme/noticia/2021/05/09/empreendedorismo-materno-5-dicas-para-maes-que-querem-ter-o-proprio-negocio.ghtml. Acesso em: 11 dez. 2023.

MARTINS, H.; DIAS, Y.; CASTILHO, P.; LEITE, D. Transformações digitais no Brasil: Insights sobre o nível de maturidade digital das empresas no país. **McKinsey Brasil,** 2019. Disponível em: https://www.mckinsey. com/br/~/media/mckinsey/locations/south%20america/brazil/our%20 insights/transformacoes%20digitais%20no%20brasil/transformacao-digital-no-brasil.pdf. Acesso em: 29 set. 2021.

MARTINS, R. Na era da transformação digital, qual é a realidade da sua empresa? **Meio e Mensagem,** 2021. Disponível em: https://www.meioemensagem.com.br/home/opiniao/2021/07/14/na-era-da-transformacao--digital-qual-e-a-realidade-da-sua-empresa.html. Acesso em: 5 out. 2021.

MULHERES administram 60% das lojas on-line da base da Nuvemshop. **E-commerce Brasil**, 2021. Disponível em: https://www.ecommercebrasil.com.br/noticias/mulheres-lojas-online-nuvemshop/. Acesso em: 5 out. 2021.

MULHERES ainda são minoria na área de TI. **TV Brasil/ EBC**, 2023. Disponível em: https://tvbrasil.ebc.com.br/reporter-brasil-tarde/2023/06/mulheres-ainda-sao-minoria-na-area-de-ti?page=96. Acesso em: 11 dez. 2023.

MULHERES na tecnologia: como está o cenário e desafios. **Blog Serasa Experian**, 2023. Disponível em: https://www.serasaexperian.com.br/carreiras/blog-carreiras/mulheres-na-tecnologia/. Acesso em: 3 ago. 2023.

NEWBERRY, C. 44 estatísticas do Instagram que importam para os profissionais de marketing em 2021. **Hootsuite**, 2021. Disponível em: https://blog.hootsuite.com/instagram-statistics/#Instagram_business_statistics. Acesso em: 10 out. 2021.

O futuro das mulheres no mercado de trabalho: transições na era da automação. **McKinsey Global Institute**, 2019. Disponível em: https://www.mckinsey.com/featured-insights/gender-equality/the-future-of-women-at-work-transitions-in-the-age-of-automation./pt-BR. Acesso em: 29 ago. 2021.

OLIVEIRA, A.; J.; CARVALHO, N. A.; RODRIGUES, D. A. P.; FERN, B. P. **Mulheres Profissionais e Suas Carreiras sem Censura:** Estudos sob Diferentes Abordagens. São Paulo: Atlas, 2015.

O PODER das mulheres. **Sebrae**, [s. d.]. Disponível em: https://sebrae.com.br/Sebrae/Portal%20Sebrae/Arquivos/infografico_o-poder-das-mulheres.pdf. Acesso em: 2 ago. 2023.

PARTICIPAÇÃO das mulheres empreendedoras cresce no Brasil. **Sebrae**, [s. d.]. Disponível em: https://sebrae.com.br/sites/PortalSebrae/ufs/sc/noticias/participacao-de-mulheres-empreendedoras-cresce-no-brasil,-06fd4563d8318710VgnVCM100000d701210aRCRD. Acesso em: 2 set 2023.

PERROT, Michelle. **Minha história das mulheres**. 2. ed. São Paulo: Contexto, 2019.

RECH, I.; HOPPE, L.; CARVALHO, M. **Empreendedorismo feminino**: protagonistas em tempos de pandemia. Porto Alegre: EDIPUCRS, 2021.

REDE Mulheres Empreendedoras. **Pesquisa IRME 2022**. https://materiais. rme.net.br/lab-irme-mulheres-empreendedoras-e-seus-negocios-2022 Acesso em: 4 ago. 2023.

RELATÓRIO especial Empreendedorismo Feminino no Brasil. **Unidade de Gestão Estratégica Sebrae Nacional**, 2019. Disponível em: https://www. sebrae.com.br/Sebrae/Portal%20Sebrae/UFs/GO/Sebrae%20de%20A%20 a%20Z/Empreendedorismo%20Feminino%20no%20Brasil%202019_v5.pdf. Acesso em: 15 ago. 2021.

ROCK Content. *In:* Wikipédia, a enciclopédia livre, 2021c. Disponível em: https://pt.wikipedia.org/w/index.php?title=Rock_Content&oldid=62102049. Acesso em: 23 set. 2021.

ROSOLEN, D. Conheça quatro femtechs pioneiras no Brasil e saiba como elas vão ajudar a revolucionar a saúde e o bem-estar feminino. **Projeto Draft**, 2021. Disponível em: https://www.projetodraft.com/conheca-quatro-femtechs-pioneiras-no-brasil-e-saiba-como-elas-vao-ajudar-a-revolucionar-a-saude-e-o-bem-estar-feminino/. Acesso em: 14 jul. 2021.

SANDBERG, S. **Faça acontecer. Mulheres, trabalho e a vontade de liderar**. São Paulo: Companhia das Letras, 2013.

SCHWAB, K. **A Quarta Revolução Industrial**. São Paulo: Edipro, 2016.

SEBRAE Paraná. Empreendedorismo feminino já representa 45% dos negócios no país. **G1**, 2023. Disponível em: https://g1.globo.com/pr/parana/especial-publicitario/sebrae-parana/juntos-para-empreender/noticia/2023/03/08/empreendedorismo-feminino-ja-representa-45percent-dos-negocios-no-pais.ghtml. Acesso em: 4 ago. 2023.

SÍNDROME DO IMPOSTOR. *In:* Wikipédia, a enciclopédia livre, 2021e. Disponível em: https://pt.wikipedia.org/w/index.php?title=S%C3%ADndrome_do_impostor&oldid=62223665. Acesso em: 12 out. 2021.

SOLOMON, M. R. **O Comportamento do Consumidor.** 11. ed. Porto Alegre: Bookman, 2016.

TAJRA, S.; RIBEIRO, J. **Inovação na Prática.** Rio de Janeiro: Alta Books, 2020.

TAMEIRÃO, N. Empreendedorismo digital: o que é, como começar e razões para se aventurar! **Sambatech,** 2021. Disponível em: https://sambatech. com/blog/insights/empreendedorismo-digital/. Acesso em: 18 set. 2021.

TAXA de empreendedorismo no Brasil cai mais de 18% durante a pandemia. **ASN,** 2021. Disponível em: https://www.agenciasebrae.com.br/asn/Estados/NA/Anexos/GEM-sebrae-poder360.pdf. Acesso em: 19 set. 2021.

TENDÊNCIAS e estatísticas do Instagram. **Nuvemshop,** 2020. Disponível em: https://d2r9epyceweg5n.cloudfront.net/assets/blog_pt/tendencias--do-instagram-ebook.pdf. Acesso em: 5 out. 2021.

TORRES, C. **A Bíblia do Marketing Digital.** São Paulo: Editora Novatec, 2019.

TRAVASSOS, P.; KONICHI, A. C. **Minha mãe é um negócio:** histórias reais de mulheres que abriram a própria empresa para ficar mais perto dos filhos. São Paulo: Saraiva, 2013.

TROIANO, C. R. **Garotas equilibristas:** o projeto de felicidade das mulheres que estão chegando no mercado de trabalho. São Paulo: Pólen, 2017.

VEJA. *In:* Wikipédia, a enciclopédia livre, 2021b. Disponível em: https://pt.wikipedia.org/w/index.php?title=Veja&oldid=61915603. Acesso em: 25 ago. 2021.